Impressum
Verlag: BABADADA GmbH, Nedderfeld 112 , 22529 Hamburg
Geschäftsführer / Verlagsleitung: Harald Hof
Druck: Books on Demand GmbH, In de Tarpen 42, 22848 Norderstedt

Imprint
Publisher: BABADADA GmbH, Nedderfeld 112 , 22529 Hamburg, Germany
Managing Director / Publishing direction: Harald Hof
Print: Books on Demand GmbH, In de Tarpen 42, 22848 Norderstedt, Germany

# ቤት-ትምህርቲ
# die Schule

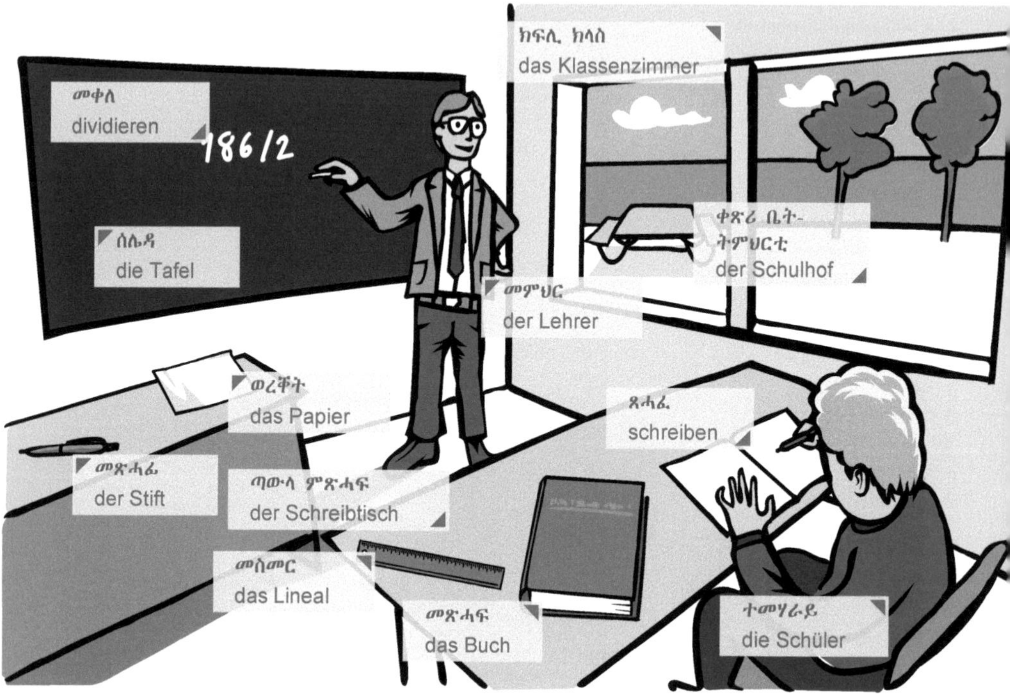

ክፍሊ ክላስ
das Klassenzimmer
መቀለ
dividieren
186/2
ሰሌዳ
die Tafel
ቀጽሪ ቤት-ትምህርቲ
der Schulhof
መምህር
der Lehrer
ወረቐት
das Papier
ጸሓፈ
schreiben
መጽሓፊ
der Stift
ጣውላ ምጽሓፍ
der Schreibtisch
መስመር
das Lineal
መጽሓፍ
das Buch
ተመሃራይ
die Schüler


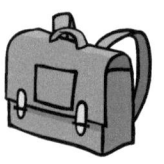

ሳንጣ ትምህርቲ

der Ranzen

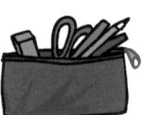

ሰፈር ብርዒ

die Federmappe

ርሳስ

der Bleistift

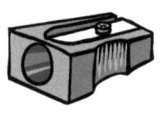

መብልሒ ርሳስ

der Bleistiftanspitzer

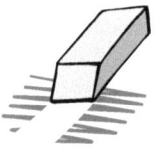

መደምሰሲ

das Radiergummi

ጥራዝ ስእሊ

der Zeichenblock

ስእሊ
die Zeichnung

ብርዒ ቀለም
der Pinsel

ቦክስ ቀለም
der Malkasten

መቐስ
die Schere

መጣበቒ
der Klebstoff

ጥራዝ መላመዲ
das Übungsheft

ዕዮ ገዛ
die Hausaufgabe

**12**

ቁጽሪ
die Zahl

**2+2**

ወሰኽ
addieren

**5-2**

ጎደለ
subtrahieren

**2×2**

ረብሕ
multiplizieren

ደመረ
rechnen

**A**

ፊደል
der Buchstabe

**ABCDEFG HIJKLMN OPQRSTU VWXYZ**

ስርዓት ፊደላት
das Alphabet

**hello**

ቃል
das Wort

ጽሑፍ

der Text

ኣንበበ

lesen

ኩርሽ

die Kreide

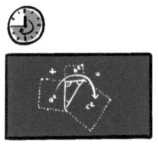

ሰዓት

die Stunde

መዝገብ ክላስ

das Klassenbuch

መርመራ

die Prüfung

ሰርቲፊከት

das Zeugnis

ድቢዛ ቤትትምህርቲ

die Schuluniform

ትምህርቲ

die Ausbildung

ለክሲኮን

das Lexikon

ዩኒቨርሲቲ

die Universität

ሚክሮስኮፕ

das Mikroskop

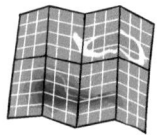

ካርታ

die Karte

ጐሓፍ ወረቓት

der Papierkorb

# መገሻ
# die Reise

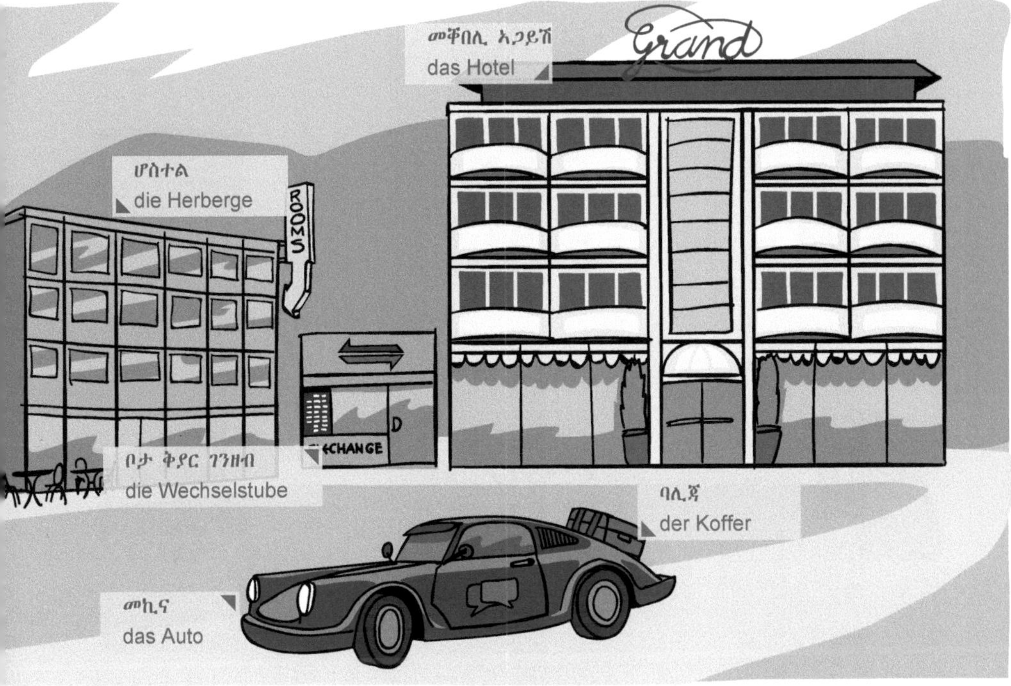
መቐበሊ ኣጋይሽ
das Hotel
Grand
ሆስተል
die Herberge
ROOMS
ቦታ ቅያር ገንዘብ
die Wechselstube
ባሊጃ
der Koffer
መኪና
das Auto

ቋንቋ

die Sprache

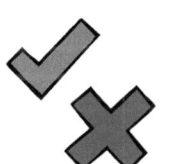

እወ / ኖ

ja / nein

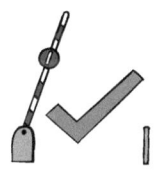

ሕራይ

Okay

ሰላም

Hallo

ኣስተርጓሚ

der Übersetzer

የቐንየለይ

Danke

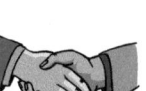

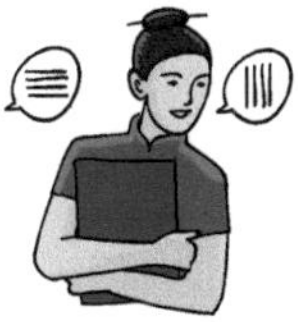

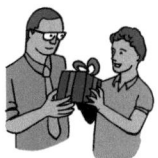

. . . ክንደይ ዋግኡ?

Was kostet...?

አይተረድአኹን

Ich verstehe nicht

ሽግር

das Problem

ሰላም ምሸት!

Guten Abend!

ከመይ ሓዲርካ

Guten Morgen!

ሰላም ለይቲ

Gute Nacht!

ደሓን ኩን

Auf Wiedersehen

አንፈት

die Richtung

ጉዓዝ

das Gepäck

ሳንጣ

die Tasche

ሳንጣ ሕቖ

der Rucksack

ጋሻ

der Gast

ክፍሊ

das Zimmer

ክሻ መደቆሲ

der Schlafsack

ቴንዳ

das Zelt

ሓበሬታ በጻሕቲ ሃገር

die Touristeninformation

ገምገም ባሕሪ

der Strand

ክረዲት ካርድ

die Kreditkarte

ቁርሲ

das Frühstück

ምሳሕ

das Mittagessen

ድራር

das Abendessen

ቲከት

die Fahrkarte

ሊፍት

der Fahrstuhl

ማሕተም ደብዳበ

die Briefmarke

ዶብ

die Grenze

ድንና

der Zoll

ኤምባሲ

die Botschaft

ቪዛ

das Visum

ፓስፖርት

der Pass

# መጓዓዝያ
# der Transport

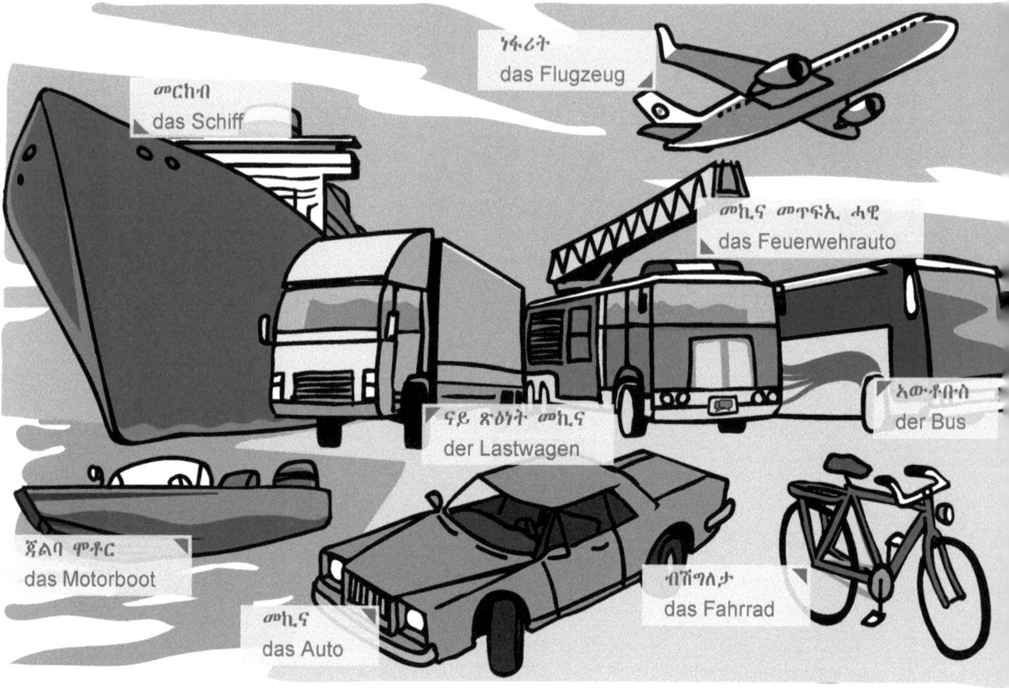
ነፋሪት
das Flugzeug
መርከብ
das Schiff
መኪና መጥፋኢ ሓዊ
das Feuerwehrauto
ናይ ጽዕነት መኪና
der Lastwagen
ኣውቶቡስ
der Bus
ጀልባ ሞቶር
das Motorboot
መኪና
das Auto
ብሽግለታ
das Fahrrad

ፈሪ
..................
die Fähre

ጀልባ
..................
das Boot

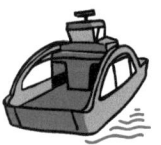

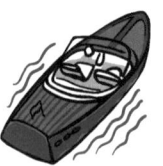

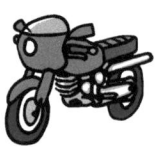

ሞቶ
..................
das Motorrad

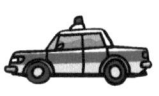

መኪና ፖሊስ
..................
das Polizeiauto

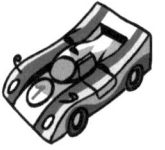

መኪና ቅድድም
..................
das Rennauto

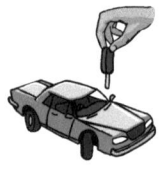

ክራይ መኪና
..................
der Mietwagen

ምውፋይ መካይን
.................
das Carsharing

መወሰዲ መኪና
.................
der Abschleppwagen

መኪና ጐሓፍ
.................
das Müllauto

ሞቶር
.................
der Motor

ነዳዲ
.................
der Kraftstoff

እንዳ ነዳዲ
.................
die Tankstelle

ምልክት ትራፊክ
.................
das Verkehrsschild

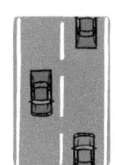

ትራፊክ
.................
der Verkehr

ምጭቅጫቅ ትራፊክ
.................
der Stau

መዓሸጊ መኪና
.................
der Parkplatz

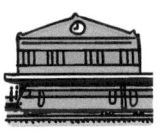

መዕረፊ ባቡር
.................
der Bahnhof

ሓዲግ
.................
die Schienen

ባቡር
.................
der Zug

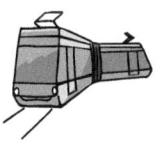

ትረም
.................
die Straßenbahn

ባጎኒ
.................
der Wagon

ሄሊኮፕተር
der Helikopter

መዓረፍ ነፈርቲ
der Flughafen

ታወር
der Tower

ተጓዓዚ
der Passagier

ኮንተይነር
der Container

ሳንዱቅ ካርቶን
der Karton

ኮርሳ ጽዕነት
der Karren

ዘንቢል
der Korb

ተበገሰ / ዓለበ
starten / landen

## ከተማ
## die Stadt

ቁሸት
das Dorf

ማእከል ከተማ
das Stadtzentrum

ገዛ
das Haus

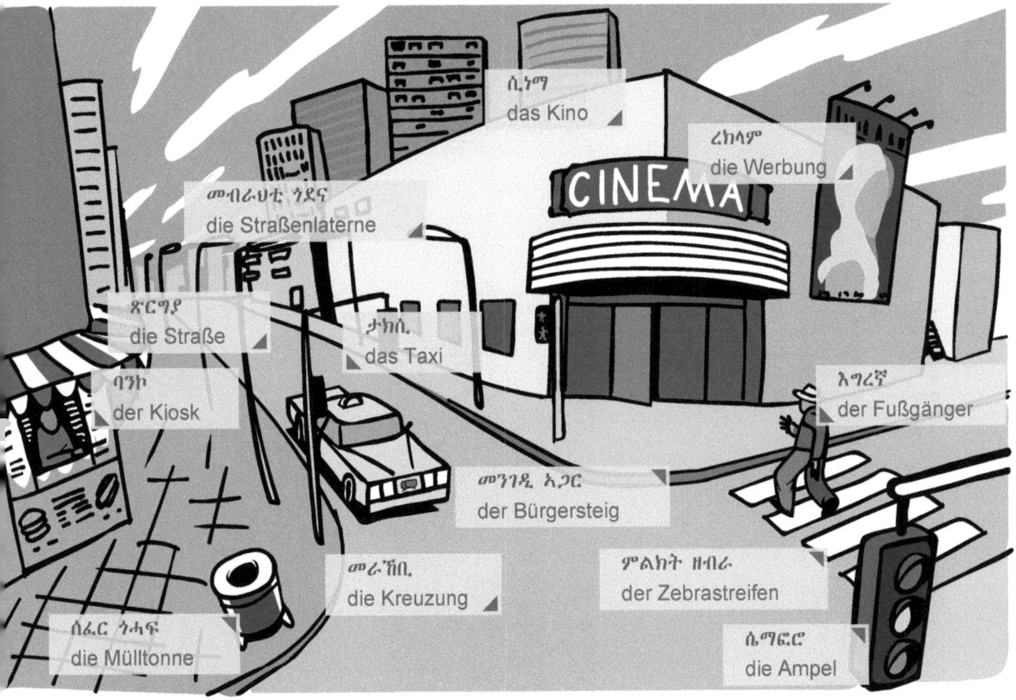

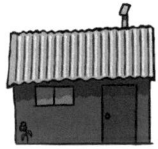

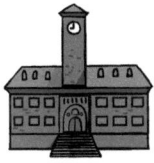

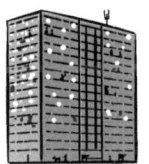

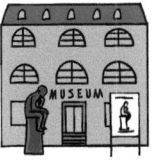

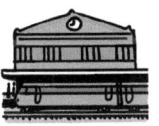

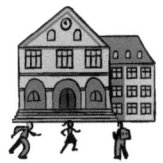

ሲነማ
das Kino
ረክላም
die Werbung
CINEMA
መብራህቲ ጎደና
die Straßenlaterne
ጽርግያ
die Straße
ታክሲ
das Taxi
ባንኮ
der Kiosk
እግረኛ
der Fußgänger
መንገዲ ኣጋር
der Bürgersteig
መራኽቢ
die Kreuzung
ምልክት ዘብራ
der Zebrastreifen
ሰፈር ጎሓፍ
die Mülltonne
ሴማፎሮ
die Ampel

ኣጉዶ
..................
die Hütte

ኣፓርትመንት
..................
die Wohnung

መዕረፊ ባቡር
..................
der Bahnhof

ቤት ምምሕዳር
..................
das Rathaus

MUSEUM

ቤተ መዘክር
..................
das Museum

ቤት-ትምህርቲ
..................
die Schule

ዩኒቨርሲቲ

die Universität

ባንክ

die Bank

ሆስፒታል

das Krankenhaus

መቆበሊ አጋይሽ

das Hotel

ቤት መድሃኒት

die Apotheke

ቤት ጽሕፈት

das Büro

ዱኳን መጽሓፍቲ

die Buchhandlung

ዱኳን

das Geschäft

ዱኳን ዕንባባ

der Blumenladen

ሱፐርማርክት

der Supermarkt

ዕዳጋ

der Markt

ሾቅ

das Kaufhaus

ነጋዳይ ዓሳ

der Fischhändler

ሾቅ

das Einkaufszentrum

መርሳ

der Hafen

መዘናግኢ

der Park

ባንኪ

die Bank

ድልድል

die Brücke

መደያይቦ

die Treppe

ባቡር ትሕቲ ምድሪ

die U-Bahn

ቢንቶ

der Tunnel

መዕረፊ ኣውቶቡስ

die Bushaltestelle

ቤት መስተ

die Bar

ቤት-መግቢ

das Restaurant

ሰታሪት

der Briefkasten

ታቤላ

das Straßenschild

ሰዓት ፓርኪንግ

die Parkuhr

መካነ እንስሳታት

der Zoo

መሓምበሲ

die Badeanstalt

መስጊድ

die Moschee

ቤት ሕርሻ

der Bauernhof

ብከላ

die Umweltverschmutzung

መቓብር

der Friedhof

ቤተክርስትያን

die Kirche

ቦታ ምጽዋት

der Spielplatz

ቤት መቕደስ

der Tempel

## ስእሊ መሬት
## die Landschaft

አቝጽልቲ
das Blatt

መሕበሪ መገዲ
der Wegweiser

መገዲ
der Weg

ሸኻ
die Wiese

እምኒ
der Stein

ኣግራብ
der Baum

ኰብላሊ
der Wanderer

ፈለግ
der Fluss

ሳዕሪ
das Gras

ዕንባባ
die Blume

ስንጭሮ
das Tal

ጎበ
der Berg

ቀላይ
der See

ዱር
der Wald

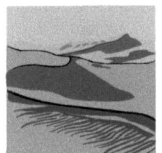

ምድረ በዳ
die Wüste

እሳተ-ጎመራ
der Vulkan

ግምቢ
das Schloss

ቀስተ-ደመና
der Regenbogen

ቃንጥሻ
der Pilz

ዓርኮብኮባይ
die Palme

ጣንጡ
der Moskito

ሃመማ
die Fliege

ጻጻ
die Ameise

ንህቢ
die Biene

ሳሬት
die Spinne

ሕንዚዝ

der Käfer

ዕንቅርያብ

der Frosch

ምጽጹላይ

das Eichhörnchen

ቅንፍዝ

der Igel

ማንቲለ

der Hase

ጉንጕ

die Eule

ጭሩ

die Vogel

ስዋን

der Schwan

መፍለስ

das Wildschwein

ዓጋዘን

der Hirsch

ሙስ

der Elch

ግድብ

der Staudamm

ተርባይን ንፋስ

das Windrad

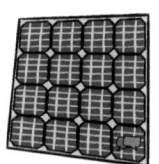

ሶላር ስርሓት

das Solarmodul

ኩነታት ኣየር

das Klima

# ቤት-መግቢ

# das Restaurant

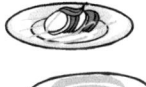

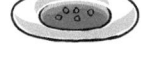

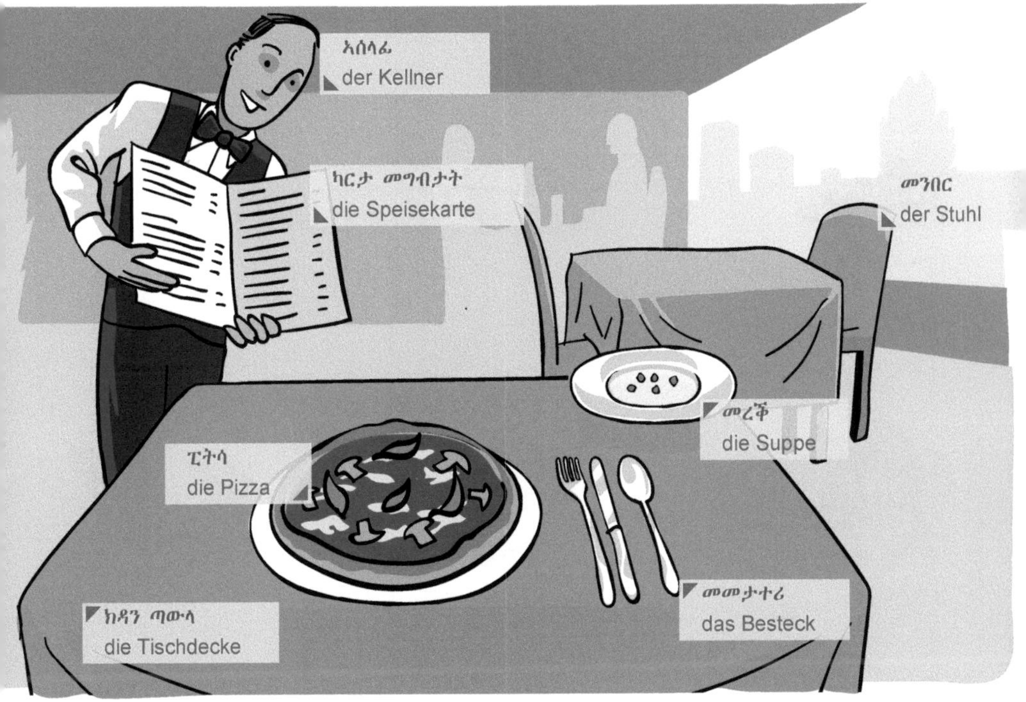
ኣሰላፊ
der Kellner
ካርታ መግብታት
die Speisekarte
መንበር
der Stuhl
መረቕ
die Suppe
ፒትሳ
die Pizza
መመታተሪ
das Besteck
ክዳን ጣውላ
die Tischdecke

ቅድመ ቀንዲ መግቢ
..................
die Vorspeise

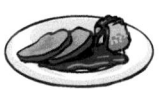

ቀንዲ መኣዲ
..................
das Hauptgericht

ድሕረ መግቢ
..................
die Nachspeise

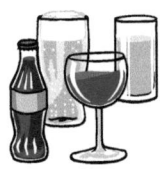

መስተ
..................
die Getränke

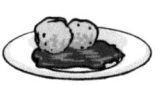

መግቢ
..................
das Essen

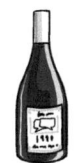

ጥርሙዝ
..................
die Flasche

ስሉጥ መግቢ.

das Fastfood

መግቢ. ጽርግያ

das Streetfood

ብርጭቆ ሻሂ

die Teekanne

ታኒካ ሽኮር

die Zuckerdose

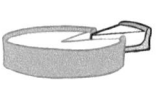

ክፋል

die Portion

ማሺን ኤስፐረሶ

die Espressomaschine

ነዊሕ መንበር

der Hochstuhl

ጸብጻብ

die Rechnung

ታብለት

das Tablett

ካራ

das Messer

ፉርከታ

die Gabel

ማንካ

der Löffel

ማንካ ሻሂ

der Teelöffel

ሰርቭየተ

die Serviette

ብኬሪ

das Glas

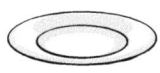

ሸሓኒ
der Teller

ሸሓኒ መረቕ
der Suppenteller

ትሕቲ ኩባያ
die Untertasse

ጸብሒ
die Sauce

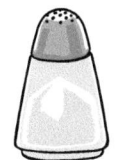

ወሃቢ ጨው
der Salzstreuer

መጥሓን በርበረ
die Pfeffermühle

አቾቶ
der Essig

ዘይቲ
das Öl

ቀመም
die Gewürze

ከቻፕ
das Ketchup

አድሪ
der Senf

ማዮኔዝ
die Mayonnaise

# ሱፐርማርክት

## der Supermarkt

ወፈያ
das Angebot
FOR
ዓሚል
der Kunde
ፍርያታት ጸባ
die Milchprodukte
ፍረታት
das Obst
ሰረገላ ዱኳን
der Einkaufswagen

BUTCHERS

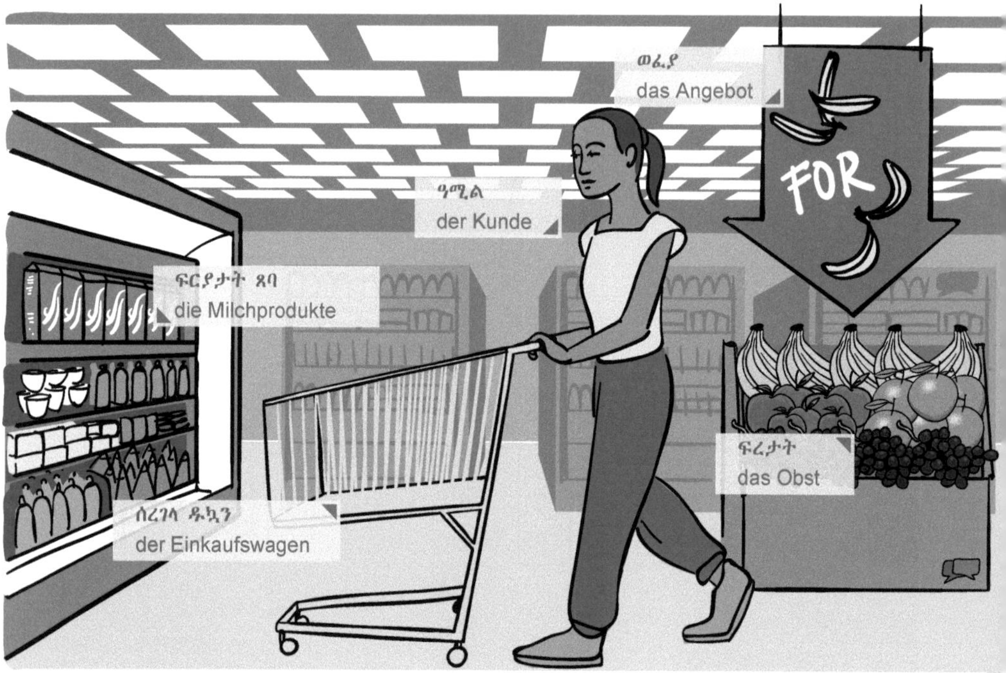

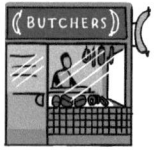

እንዳ ስጋ

die Schlachterei

BAKERY

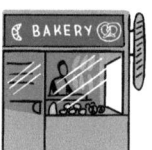

እንዳ ባኒ

die Bäckerei

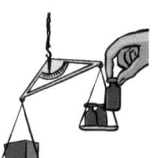

ክብደት

wiegen

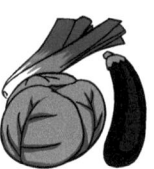

ኣሕምልቲ

das Gemüse

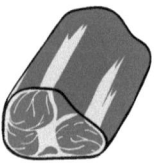

ስጋ

das Fleisch

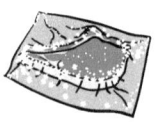

መግቢ ፍሪጅ በረድ

die Tiefkühlkost

ዝሑል ቅሩብ መግቢ.
..................
der Aufschnitt

እስታሣ
..................
die Konserven

አሞ
..................
das Waschmittel

ምቁር መግቢ.
..................
die Süßigkeiten

ዘቤታውያን አቕሑ
..................
die Haushaltsartikel

ናውቲ መጸረይ.
..................
das Reinigungsmittel

ሸቃጣይ
..................
die Verkäuferin

ካሳ
..................
die Kasse

ተሓዛ ገንዘብ
..................
der Kassierer

ዝርዝር ምግዛእ
..................
die Einkaufsliste

ክፉት ስዓታት
..................
die Öffnungszeiten

ማሕፉዳ
..................
die Brieftasche

ክረዲት ካርድ
..................
die Kreditkarte

ሳንጣ
..................
die Tasche

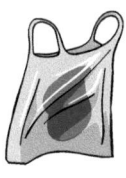

ፈስታል
..................
die Plastiktüte

# die Getränke

ማይ
das Wasser

ጽማቝ
der Saft

ጸባ
die Milch

ኮላ
die Cola

ነቢት
der Wein

ቢራ
das Bier

አልኮል
der Alkohol

ካካው
der Kakao

ሻሂ
der Tee

ቡን
der Kaffee

ኤስፕሬሶ
der Espresso

ካፑቺኖ
der Cappuccino

# das Essen

ባናና
die Banane

ቱፋሕ
der Apfel

ኦራንጇ
die Orange

ብርጭቆ
die Melone

ለሚን
die Zitrone

ካሮት
die Karotte

ጸዕዳ ሽጉርቲ
der Knoblauch

ባምቡስ
der Bambus

ሽጉርቲ
die Zwiebel

ቅንጥሻ
der Pilz

ፉል
die Nüsse

ፓስታ
die Nudeln

ስፓገቲ

die Spaghetti

ሩዝ

der Reis

ሰላጣ

der Salat

ቅልዋ ድንሽ

die Pommes frites

ቅሉው ድንሽ

die Bratkartoffeln

ፒትሳ

die Pizza

ሃምቡርገር

der Hamburger

ፓኒኖ

das Sandwich

ቢስተካ

das Schnitzel

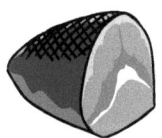

ሰለፍ ሓሰማ

der Schinken

ሳላሚ

die Salami

ግዕዝም

die Wurst

ደርሆ

das Huhn

ቀለወ

der Braten

ዓሳ

der Fisch

ገዓት

die Haferflocken

ሙስሊ

das Müsli

ኮርንፍለይክስ

die Cornflakes

ሓርጭ

das Mehl

ክሮሶን

das Croissant

ባኒ

das Brötchen

ባኒ

das Brot

ቶስት

der Toast

ብሽኩቲ

die Kekse

ጠስሚ

die Butter

ርግኦ

der Quark

ፓስተ

der Kuchen

እንቋቍሖ

das Ei

ቅሉው እንቋቍሖ

das Spiegelei

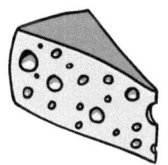

ፋርማጆ

der Käse

አይስ ክሪም
.................
die Eiscreme

ሽኮር
.................
der Zucker

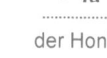

መዓር
.................
der Honig

ጄም
.................
die Marmelade

ኑጋት-ክሪም
.................
die Nougat-Creme

ኩሪ
.................
das Curry

# ቤት ሕርሻ

## der Bauernhof

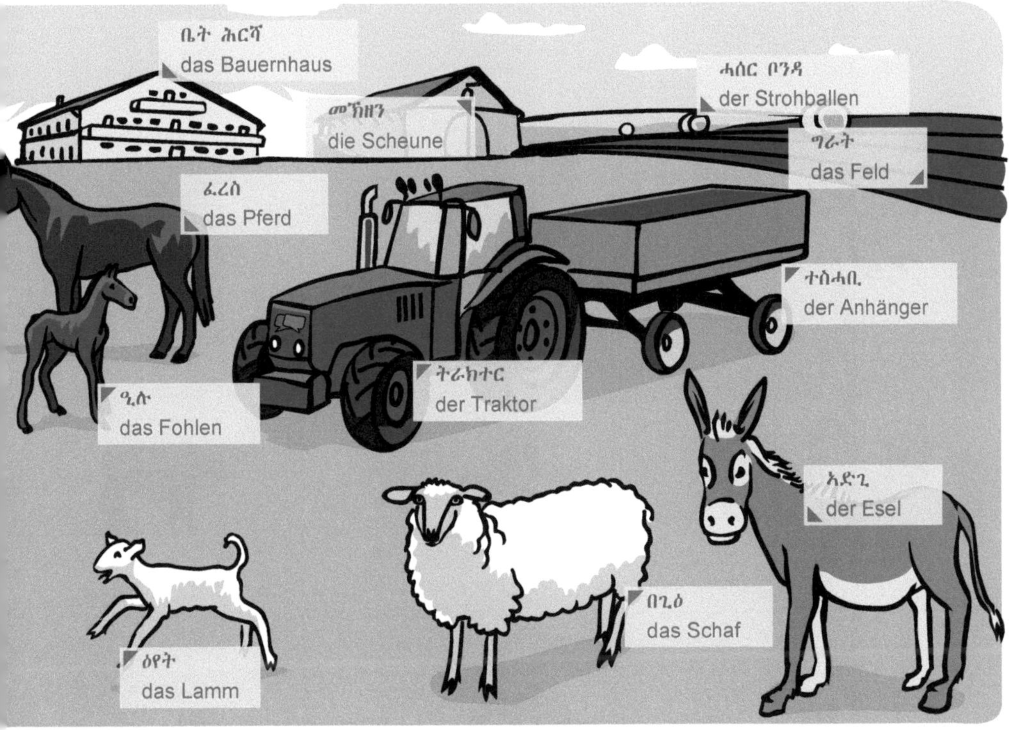

ቤት ሕርሻ
das Bauernhaus
መኽዘን
die Scheune
ሓሰር ቦንዳ
der Strohballen
ግራት
das Feld
ፈረስ
das Pferd
ተስሓቢ
der Anhänger
ዒሉ
das Fohlen
ትራክተር
der Traktor
ኣድጊ
der Esel
በጊዕ
das Schaf
ዕየት
das Lamm


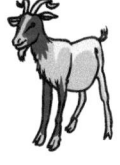

ጤል
..................
die Ziege

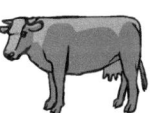

ብዕራይ
..................
die Kuh

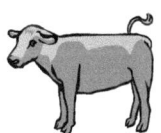

ምራኽ
..................
das Kalb

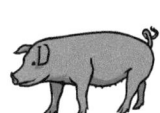

ሓሰማ
..................
das Schwein

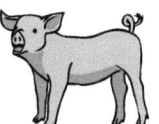

ውላድ ሓሰማ
..................
das Ferkel

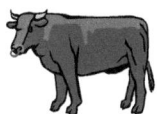

ኣርሓ
..................
der Bulle

ዓሳ
................
die Gans

ማይ ደርሆ
................
die Ente

ጫቆሊት
................
das Küken

ደርሆ
................
das Huhn

ኣርሒ ደርሆ
................
der Hahn

ኣንጨዋ ዓባይ
................
die Ratte

ድሙ
................
die Katze

ኣንጭዋ
................
die Maus

ብዕራይ
................
der Ochse

ከልቢ
................
der Hund

ኣጉዶ ከልቢ
................
die Hundehütte

ቱባ ጀርዲን
................
der Gartenschlauch

መዝፈፊ ማይ
................
die Gießkanne

ዓቢ ማዕጺድ
................
die Sense

ማሕረሻ
................
der Pflug

ማዕጺድ
die Sichel

ጭኳሮ
die Hacke

መስአ
die Mistgabel

ፋስ
die Axt

ዓረብያ ኢድ
die Schubkarre

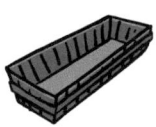

ጋብላ
der Trog

ብርጭቆ ጸባ
die Milchkanne

ከሻ
der Sack

ሓጹር
der Zaun

መንሰስ
der Stall

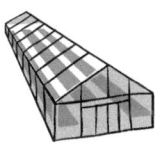

ቆጠልያ ገዛ
das Treibhaus

ባይታ
der Boden

ዘርኢ
die Saat

ድኹዒ
der Dünger

ዘጣምር ቀውዓይ
der Mähdrescher

ቤት ሕርሻ - der Bauernhof

ቀውዐ

ernten

ጻማ

die Ernte

ድንሽ ያም

die Yamswurzel

ስርናይ

der Weizen

ሶያ

das Soja

ድንሽ

die Kartoffel

ዕፉን

der Mais

ራፕስ

der Raps

ገረብ ፍረታት

der Obstbaum

ማኒኦክ

der Maniok

አእኻል

das Getreide

ቤት ሕርሻ - der Bauernhof

# das Haus

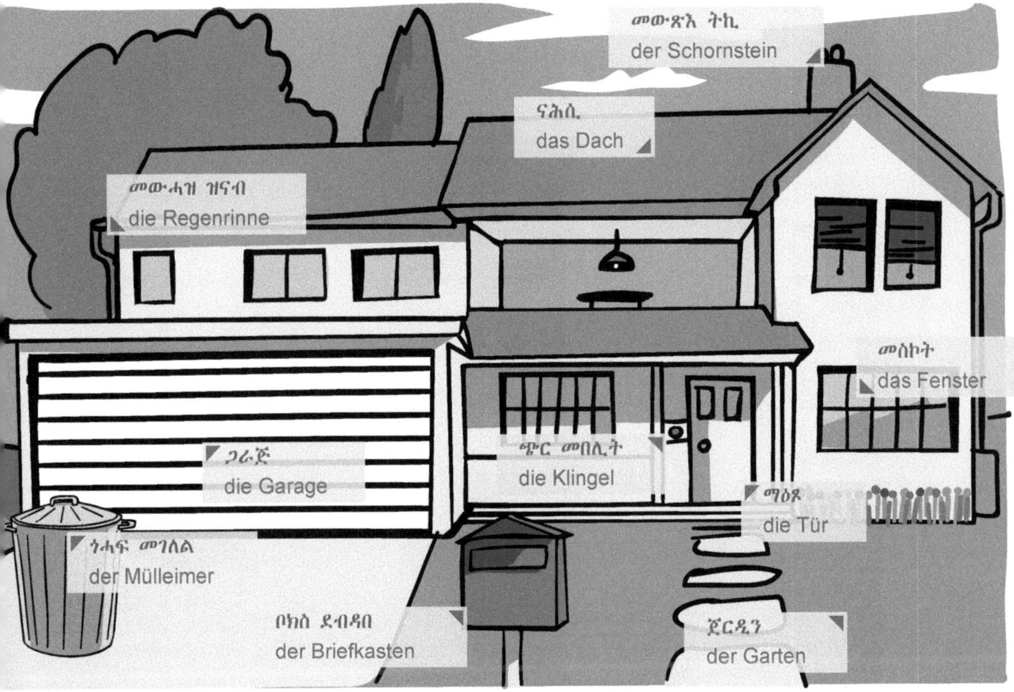
መውጽኢ ትኪ
der Schornstein
ናሕሲ
das Dach
መውሓዝ ዝናብ
die Regenrinne
መስኮት
das Fenster
ጋራጅ
die Garage
ጭር መበሊት
die Klingel
ማዕጾ
die Tür
ጎሓፍ መገለል
der Mülleimer
ቦክስ ደብዳበ
der Briefkasten
ጀርዲን
der Garten

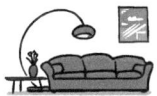

ክፍሊ ምቕማጥ

das Wohnzimmer

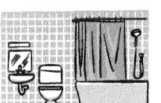

ክፍሊ ባንዮ

das Badezimmer

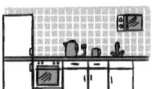

ክሽነ

die Küche

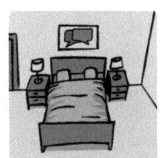

ክፍሊ መደቀሲ

das Schlafzimmer

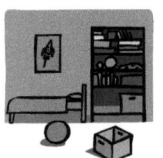

ክፍሊ ቆልዑ

das Kinderzimmer

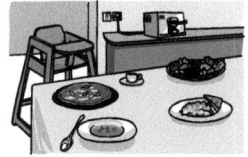

መመገቢ ክፍሊ

das Esszimmer

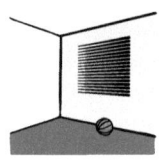

ባይታ

der Boden

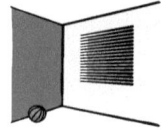

መንደቅ

die Wand

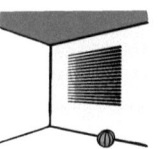

ከበርታ

die Decke

ካንቲና

der Keller

ሳውና

die Sauna

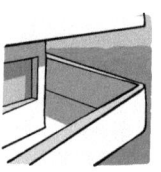

ባልኮን

der Balkon

ዛላ

die Terrasse

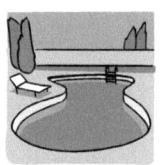

መሕምበሲ

das Schwimmbad

መቑረጺ ሳዕሪ

der Rasenmäher

አንሶላ ዓራት

der Bettbezug

ከበርታ ዓራት

die Bettdecke

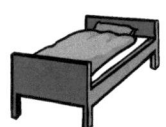

ዓራት

das Bett

መኾስተር

der Besen

መገለል

der Eimer

መወልጊት

der Schalter

# ክፍሊ ምቕማጥ
# das Wohnzimmer

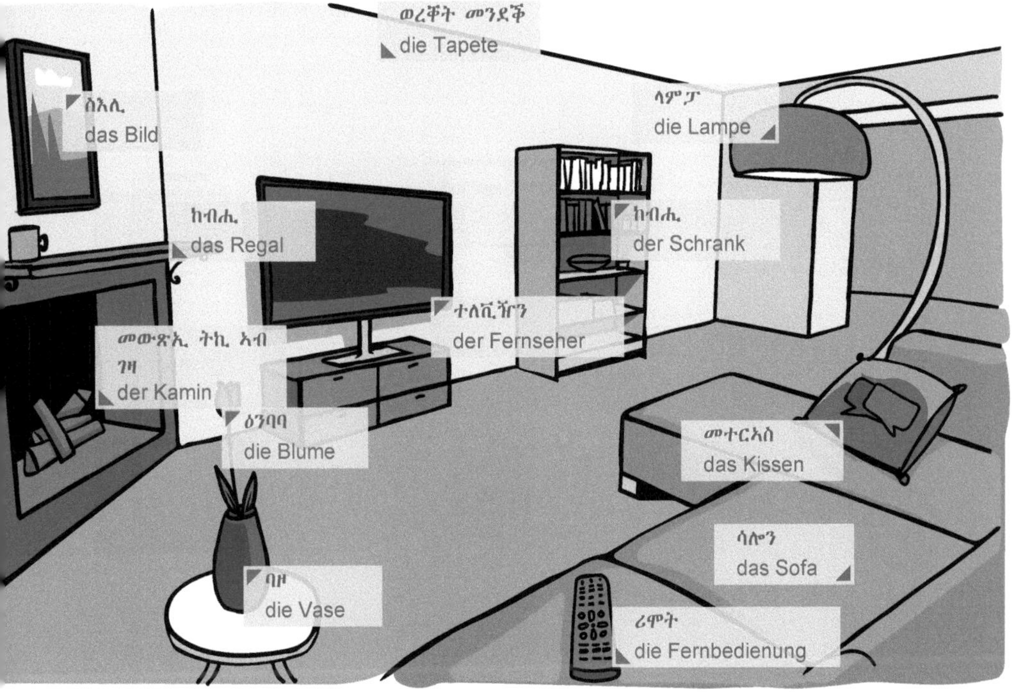

ወረቐት መንደቕ
die Tapete
ስእሊ
das Bild
ላምፓ
die Lampe
ከብሒ
das Regal
ከብሒ
der Schrank
ተለቪዥን
der Fernseher
መውጽኢ ትኪ ኣብ ገዛ
der Kamin
ዕንባባ
die Blume
መተርኣስ
das Kissen
ሳሎን
das Sofa
ባዞ
die Vase
ሪሞት
die Fernbedienung


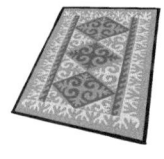

መንጸፍ
..................
der Teppich

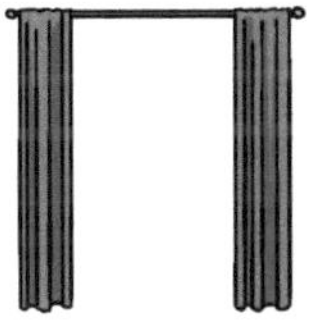

መጋረጃ
..................
der Vorhang

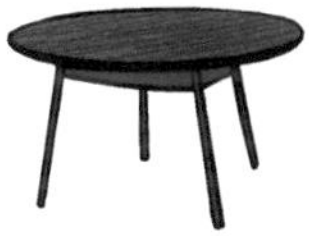

ጣውላ
..................
der Tisch

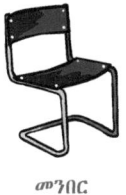

መንበር
..................
der Stuhl

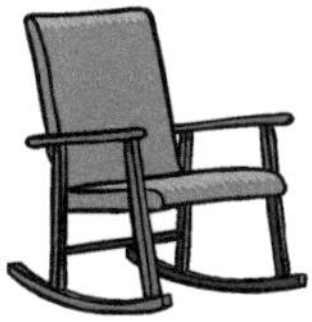

ሰለል ዝብል መንበር
..................
der Schaukelstuhl

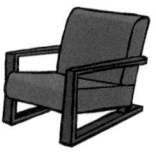

መንበር ምቹእ
..................
der Sessel

መጽሓፍ

das Buch

ከበርታ

die Decke

ስልማት

die Dekoration

እንጨይቲ ሓዊ

das Feuerholz

ፊልም

der Film

ስተሪዮ

die Stereoanlage

መፍትሕ

der Schlüssel

ጋዜጣ

die Zeitung

ቕብአ

das Gemälde

ፖስተር

das Poster

ረድዮ

das Radio

ጥራዝ

der Notizblock

መልገሲ ደርና

der Staubsauger

በለስ

der Kaktus

ሽምዓ

die Kerze

# ክሽነ
# die Küche

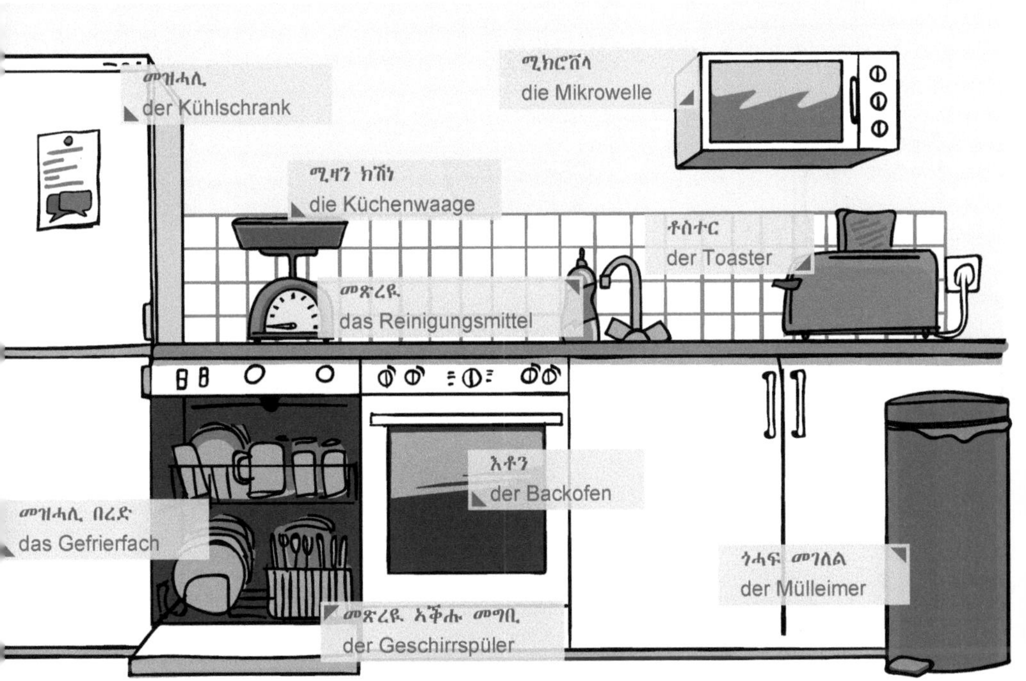

መዝሓሊ
der Kühlschrank
ሚክሮቨላ
die Mikrowelle
ሚዛን ክሽነ
die Küchenwaage
ቶስተር
der Toaster
መጽረዩ
das Reinigungsmittel
እቶን
der Backofen
መዝሓሊ በረድ
das Gefrierfach
ጎሓፍ መገለል
der Mülleimer
መጽረዩ ኣቕሑ መግቢ
der Geschirrspüler


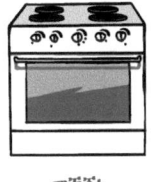

መኸሸኒ

der Herd

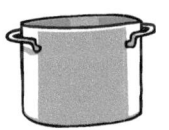

ድስቲ

der Topf

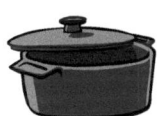

ድስቲ ሓጺን

der Eisentopf

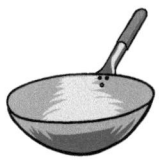

ቨክ/ካዳይ

der Wok / Kadai

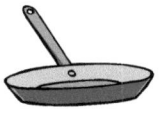

ባደላ

die Pfanne

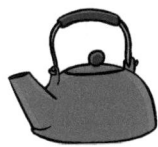

መውዓዪ ማይ

der Wasserkocher

መፍልሒ

der Dampfgarer

ጎንቴራ ምስንካት

das Backblech

ኣቕሑ መግቢ

das Geschirr

ብርዕዮቆ

der Becher

ጭሓሎ

die Schale

ማንካቼና

die Essstäbchen

ማንካ መረቕ

die Suppenkelle

መገልበጢ ባደላ

der Pfannenwender

መኸስተር ውርጪ

der Schneebesen

መንፈት መግቢ

das Kochsieb

መንፈት

das Sieb

መፋሕፍሒ

die Reibe

ሞርታር

der Mörser

ባርቢኪዩ

der Grill

ስፍራ ሓዊ

die Feuerstelle

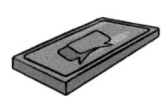

እንጨይቲ ምምታር
das Schneidebrett

እንጨይቲ ኩረር
das Nudelholz

መኽፈት ቡሽ
der Korkenzieher

ታኒካ
die Dose

መኽፈቲ ታኒካ
der Dosenöffner

ጨርቂ ድስቲ
der Topflappen

ቡምባ
das Waschbecken

አስባስላ
die Bürste

ሰፍነግ
der Schwamm

ሓዋሲ አደባላቒ
der Mixer

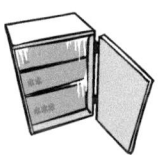

መዝሓሊ በረድ
die Gefriertruhe

ጥርሙዝ ማማይ
die Babyflasche

ቡምባ ማይ
der Wasserhahn

# das Badezimmer

መውዓዪ
die Heizung

መሕጸቢ ሻወር
die Dusche

ሾጎማዮ
das Handtuch

ሻወር መጋረጃ
der Duschvorhang

መሕጸቢ ዓፍራ
das Schaumbad

ባንዮ መሕጸቢ
die Badewanne

ብኬሪ
das Glas

ሓጸቢት
die Waschmaschine

ማቶነላ
die Fliesen

ቡምባ ማይ
der Wasserhahn

ድስቲ
das Töpfchen

ቡምባ
das Waschbecken

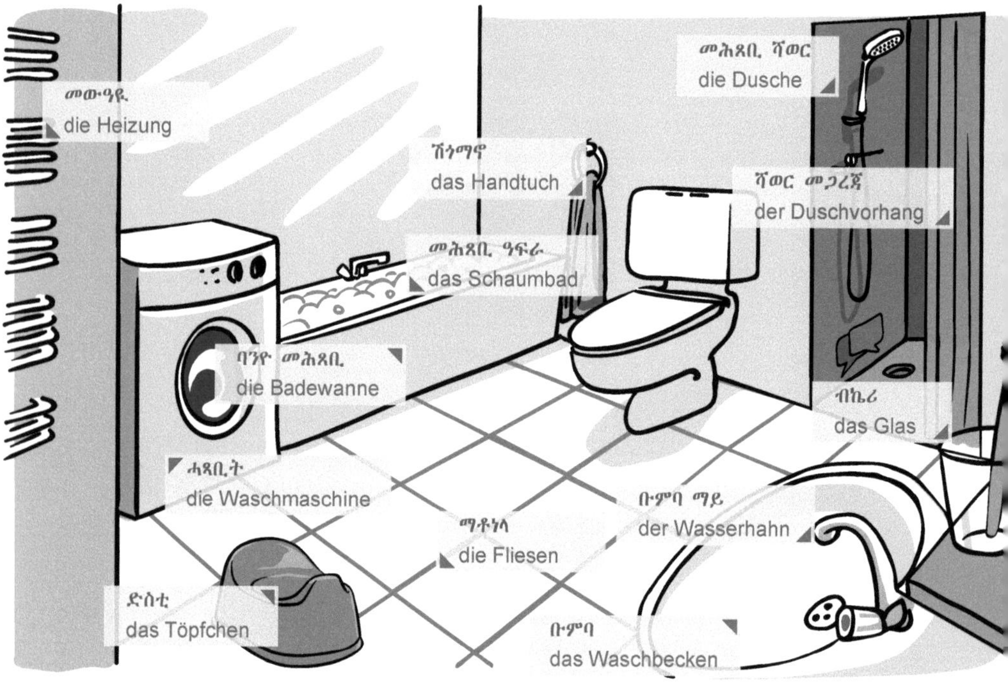

ሽቓቕ
die Toilette

ሽቓቕ ኮፍ
die Hocktoilette

በዱ
das Bidet

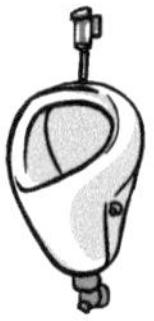

ሽቓቕ ተባዕታይ
das Pissoir

ወረቐት ሽቓቕ
das Toilettenpapier

አስባስላ ሽቓቕ
die Toilettenbürste

አስባስላ ስኒ
die Zahnbürste

ክሬማ ስኒ
die Zahnpasta

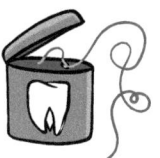

ሃሪ ስኒ
die Zahnseide

ሓጸበ
waschen

ዱሽ ኢድ
die Handbrause

ዱሽ
die Intimdusche

ብርጭቆ ምሕጻብ
die Waschschüssel

አስባስላ ሕቖ
die Rückenbürste

ሳምና
die Seife

ሻወር ጀል
das Duschgel

ሻምፑ
das Shampoo

ጨርቂ መሕጸቢ
der Waschlappen

መውሓዚ
der Abfluss

ክሬማ
die Creme

ደዮ ጨና
das Deodorant

መስትያት

der Spiegel

ናይ ኢድ መስትያት

der Kosmetikspiegel

መላጸ

der Rasierer

ዓፍራ ምልጻይ

der Rasierschaum

ጨና ድሕሪ ምልጻይ

das Rasierwasser

መመሸጥ

der Kamm

አሰባስላ

die Bürste

መንቆጺ ጸግሪ

der Föhn

ስፕረይ ጸግሪ

das Haarspray

መመላኽዒ

das Makeup

ብርኒ ቀለም ከንፈር

der Lippenstift

አዝግልቶ

der Nagellack

ጸምሪ ጡጥ

die Watte

መስደዲ ጽፍሪ

die Nagelschere

ጨና

das Parfum

ሳንጣ መሕጸቢ
der Kulturbeutel

ድኳ
der Hocker

ሚዛን
die Waage

ክዳን መሕጸቢ
der Bademantel

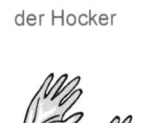

ጓንቲ መጸረዪ
die Gummihandschuhe

ታምፓን
das Tampon

ጨርቂ ሰበይቲ
die Damenbinde

ሽቓቕ ከሚስትሪ
die Chemietoilette

# ክፍሊ ቆልዑ
# das Kinderzimmer

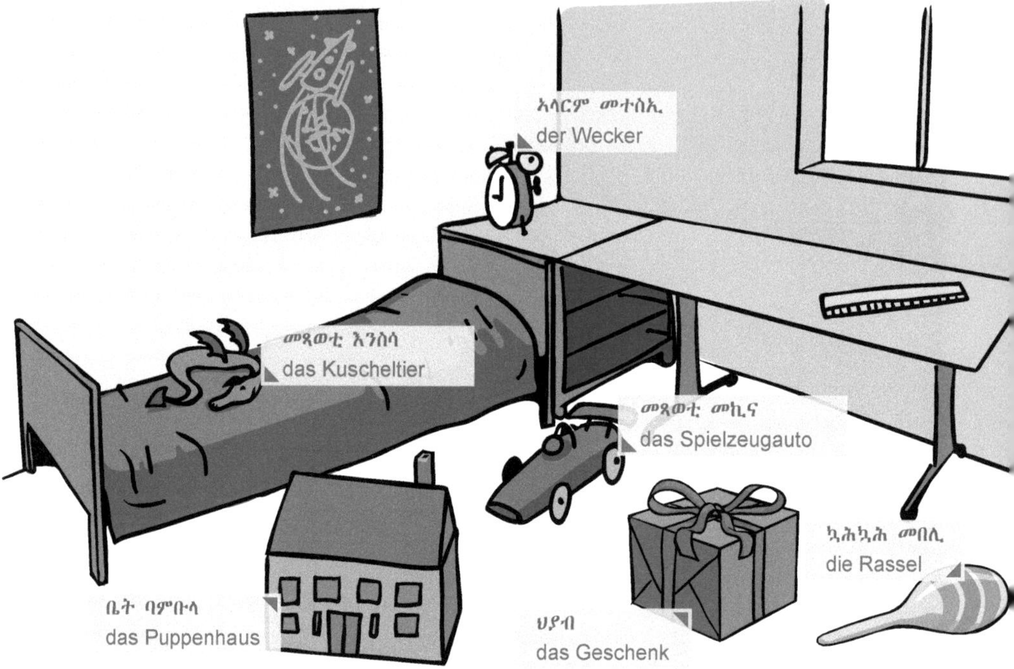

ኣላርም መተስኢ
der Wecker
መጻወቲ እንስሳ
das Kuscheltier
መጻወቲ መኪና
das Spielzeugauto
ኳሕኳሕ መበሊ
die Rassel
ቤት ባምቡላ
das Puppenhaus
ህያብ
das Geschenk


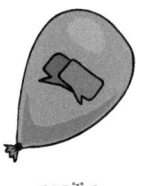

ባላንችና
..................
der Ballon

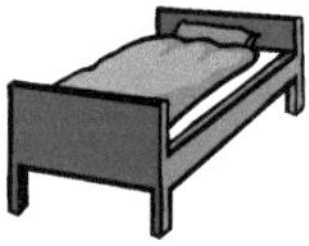

ዓራት
..................
das Bett

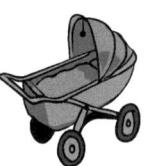

ሰረገላ ህጻን
..................
der Kinderwagen

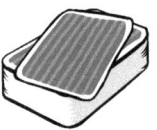

ጸወታ ካርታ
..................
das Kartenspiel

ሕንቅሊተይ
..................
das Puzzle

SUPER
MEGA


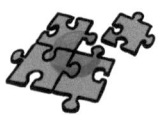

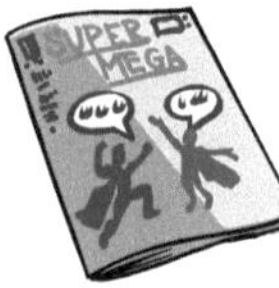

ኮሜዲ
..................
der Comic

እምንታት መጸወቲ ለጎ

die Legosteine

መጸወቲ እምንታት

die Bausteine

በዓል አክቾን

die Action Figur

ክዳን ማማይ

der Strampelanzug

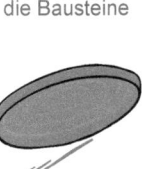

ፍሪስቢ

das Frisbee

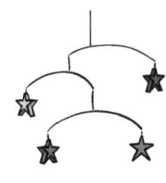

ሞባይል ማማይ

das Mobile

ጸወታ ሰሌዳ

das Brettspiel

ኩቦ

der Würfel

ሞደል ባቡር ምድሪ

die Modelleisenbahn

ዓባስ

der Schnuller

ፓርቲ

die Party

መጽሓፍ ስእሊ

das Bilderbuch

ኩዕሶ

der Ball

ባምቡላ

die Puppe

ተጻወተ

spielen

መጻወቲ ሑጻ
der Sandkasten

ሰላል
die Schaukel

መጻወቲታት
das Spielzeug

ኮንሶል ቪድዮ
die Spielkonsole

መጻወቲ ሰለስተ መንኮርኮር
das Dreirad

ተዲ
der Teddy

ከብሒ ክዳን
der Kleiderschrank

# ክዳን

## die Kleidung

ካልስታት
die Socken

ነዊሕ ካልስታት
die Strümpfe

ስረ ካልሲ
die Strumpfhose

ሻርባ
der Schal

ቁልፊ
der Gürtel

ጽላል
der Regenschirm

ማልያ
das T-Shirt

ስኒከርስ
die Turnschuhe

ረፋዕ
der Stiefel

ጫማ ገዛ
die Hausschuhe

ሸበጥ
...............
die Sandalen

ጫማ
...............
die Schuhe

ረፋዕ ጎማ
...............
die Gummistiefel

ሙታንታ
...............
die Unterhose

ክዳን ጡብ
...............
der Büstenhalter

ትሕተ ካሚቻ
...............
das Unterhemd

ክዳን - die Kleidung          45

ቦዲ

der Body

ስረ

die Hose

ጂንስ

die Jeans

ቀምሽ

der Rock

ካምቻ

die Bluse

ካሚቻ

das Hemd

ጉልፎ

der Pullover

ጎልፎ

der Kapuzenpullover

ጃኬት

der Blazer

ጃከት

die Jacke

ጁባ

der Mantel

ከዳን ዝናብ

der Regenmantel

ኮስቱም

das Kostüm

ቀምሽ

das Kleid

ቀምሽ መርዓ

das Hochzeitskleid

ልብሲ።
der Anzug

ካሚቻ ለይቲ፤
das Nachthemd

ክዳን ለይቲ፤
der Schlafanzug

ሳሪ
der Sari

መሃረብ ርእሲ።
das Kopftuch

ቱርባን
der Turban

ቡርካ
die Burka

ካፍታን
der Kaftan

አባያ
die Abaya

ክዳን መሕምበሲ።
der Badeanzug

ስረ መሕምበሲ።
die Badehose

ሓጺር ስረ
die kurze Hose

ክዳን ታዕሊም
der Trainingsanzug

በጃ ክዳን
die Schürze

ጓንቲ
die Handschuhe

*መልጎም*

der Knopf

*መነጽር*

die Brille

*በንናጅር*

das Armband

*ማዕተብ*

die Halskette

*ቀለበት*

der Ring

*ኩትሻ*

der Ohrring

*ቆብዕ*

die Mütze

*መንበሪ ጁባ*

der Kleiderbügel

*ባርኔጣ*

der Hut

*ካርራቫት*

die Krawatte

*ሻርኔጣ*

der Reißverschluss

*ህልመት*

der Helm

*መድልደል ስረ*

der Hosenträger

*ድቢዛ ቤትትምህርቲ*

die Schuluniform

*ድቢዛ*

die Uniform

ሰደርያ ቆልዓ

das Lätzchen

ዓባስ

der Schnuller

ጨርቂ ማማይ

die Windel

## ቤት ጽሕፈት

## das Büro

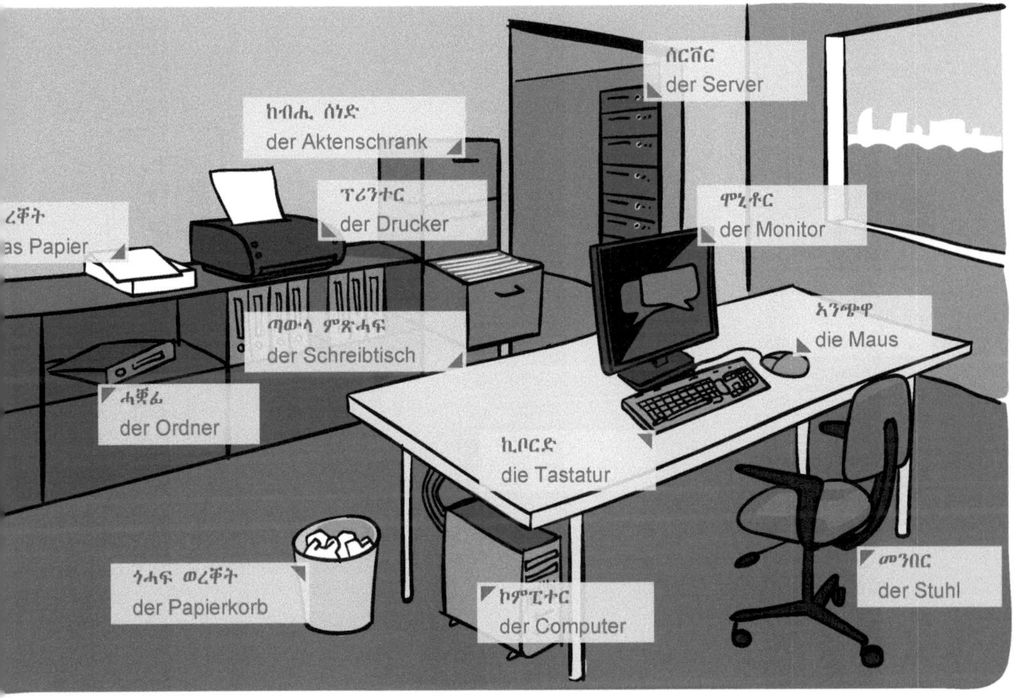

ሰርቨር
der Server

ከብሒ ሰነድ
der Aktenschrank

ፕሪንተር
der Drucker

ሞኒቶር
der Monitor

ረቓት
as Papier

ጣውላ ምጽሓፍ
der Schreibtisch

ኣንጭዋ
die Maus

ሓጺፈ
der Ordner

ኪቦርድ
die Tastatur

ጎሓፍ ወረቓት
der Papierkorb

ኮምፒተር
der Computer

መንበር
der Stuhl

ብርጭቆ ቡን

der Kaffeebecher

ካልኩለተር

der Taschenrechner

ኢንተርነት

das Internet

ለፕቶፕ

der Laptop

ደብዳበ

der Brief

መልእኽቲ

die Nachricht

ሞባይል

das Handy

ነትወርክ/መርበብ

das Netzwerk

መቅድሒ ፎቶኮፒ

der Kopierer

ሶፍትዌር

die Software

ተለፎን

das Telefon

ሶከት ኳረንቲ

die Steckdose

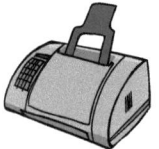

ፋክስ

das Fax

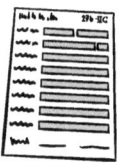

ፎርም

das Formular

ሰነድ

das Dokument

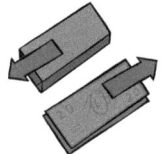

ገዝአ

kaufen

ከፈለ

bezahlen

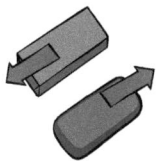

ንግዴ

handeln

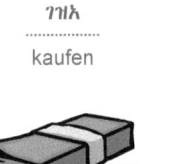

ገንዘብ

das Geld

ዶላር

der Dollar

አይሮ

der Euro

የን

der Yen

ሩብል

der Rubel

ስዊዝ ፍራንከን

der Franken

ረንሚንቢ ዩዋን

der Renminbi Yuan

ሩፕየ

die Rupie

መውጽኢ ማሺን ገንዘብ

der Geldautomat

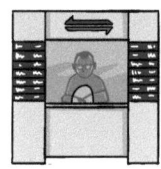

ቤታ ቅያር ገንዘብ

die Wechselstube

ወርቂ

das Gold

ብሩር

das Silber

ዘይቲ

das Öl

ሓይሊ

die Energie

ዋጋ

der Preis

ውዕል

der Vertrag

ቀረጽ

die Steuer

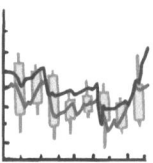

እኩብ ጥሪ-ነገራት

die Aktie

ሰርሐ

arbeiten

ሰራሕተኛ

der Angestellte

ኣስራሒ

der Arbeitgeber

ትካል

die Fabrik

ዱኳን

das Geschäft

በዓል ፖሊስ
der Polizist

መጠፊኢ ሓዊ
der Feuerwehrmann

ከሻኒ
der Koch

ሓኪም
der Arzt

መራሒ ነፋሪት
der Pilot

ሰራሕተኛ ጀርዲን
der Gärtner

ጸራቢ ዕንጸይቲ
der Tischler

ሰፋይት
die Näherin

ፈራዳይ
der Richter

ቀማሚ
der Chemiker

ተዋሳኢ
der Schauspieler

መራሒ አዉቶቡስ
der Busfahrer

አውቲስታ ታክሲ
der Taxifahrer

ገፋፊ ዓሳ
der Fischer

ጸራጊት
die Putzfrau

ሃናጺይ ናሕሲ
der Dachdecker

አሰላፊ
der Kellner

ሃዳናይ
der Jäger

ሰአላይ
der Maler

እንዳ ሕብስቲ
der Bäcker

ኤለትሪከኛ
der Elektriker

ሃናጺ አባይቲ
der Bauarbeiter

ሃንዳሲ
der Ingenieur

ሰራሕተኛ እንዳ ስጋ
der Schlachter

ድራብሊኮ
der Klempner

አማላሳሊ ፖስጣ
der Postbote

ወተሃደር

der Soldat

መሃንድስ

der Architekt

ተሓዝ ገንዘብ

der Kassierer

ሰራሕተኛ ዕምባባ

der Florist

ቀምቃማይ

der Friseur

ፈተሪኖ

der Schaffner

መካኒክ

der Mechaniker

መራሒ መርከብ

der Kapitän

ሓኪም ስኒ

der Zahnarzt

ተመራማሪ

der Wissenschaftler

ራቢ

der Rabbi

ኢማም

der Imam

ፈላሲ

der Mönch

ቀሺ

der Geistliche

ሞያታት - die Berufe  55

# ናውቲ

# die Werkzeuge

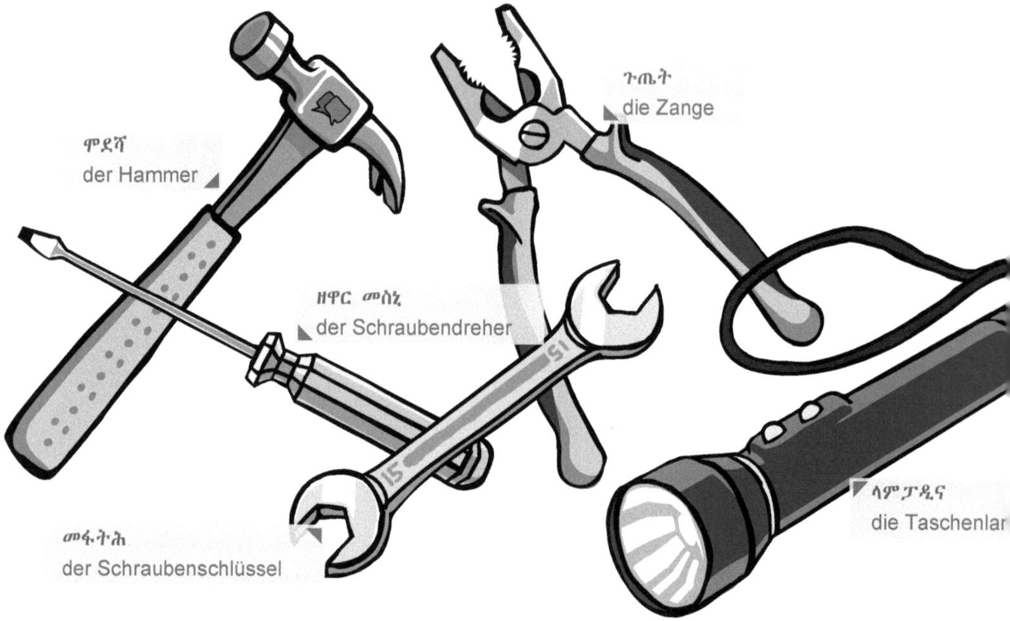

ሞደሻ
der Hammer
ጉጤት
die Zange
ዘዋር መስኒ
der Schraubendreher
15
15
መፋትሕ
der Schraubenschlüssel
ላምፓዲና
die Taschenlar


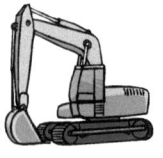

ፈሓሪ

..................

der Bagger

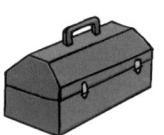

ናውቲ ቦክስ

..................

der Werkzeugkasten

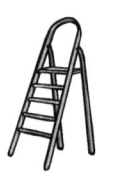

መደያይቦ

..................

die Leiter

መጋዝ

..................

die Säge

መስማር

..................

die Nägel

ኲዓቲ

..................

der Bohrer

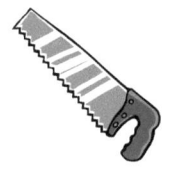

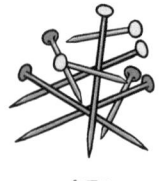

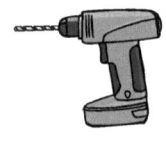

ምዕራይ
reparieren

ባደላ
die Schaufel

አይ!
Mist!

መትሓዚ ዶሮና
das Kehrblech

ድስቲ ቀለም
der Farbtopf

ካቻቢተ
die Schrauben

## መሳርሒ ሙዚቃ
# die Musikinstrumente

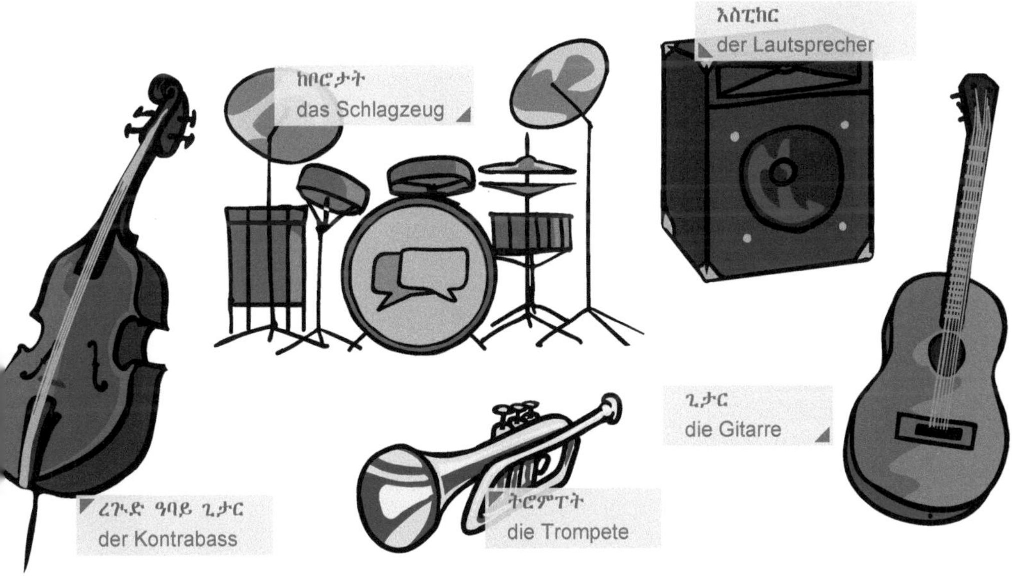

ከበሮታት
das Schlagzeug

እስፒከር
der Lautsprecher

ጊታር
die Gitarre

ረጉድ ዓባይ ጊታር
der Kontrabass

ትሮምፔት
die Trompete

ፒያኖ
......................
das Klavier

ቪዮሊን
......................
die Violine

ባስ ጊታር
......................
der Bass

ቲምነኢ
......................
die Pauke

ከበሮ
......................
die Trommeln

ኦርጋን
......................
das Keyboard

ሳክሶፎን
......................
das Saxophon

ሻምብቆ
......................
die Flöte

ሚክሮፎን
......................
das Mikrofon

# መካነ እንስሳታት

## der Zoo

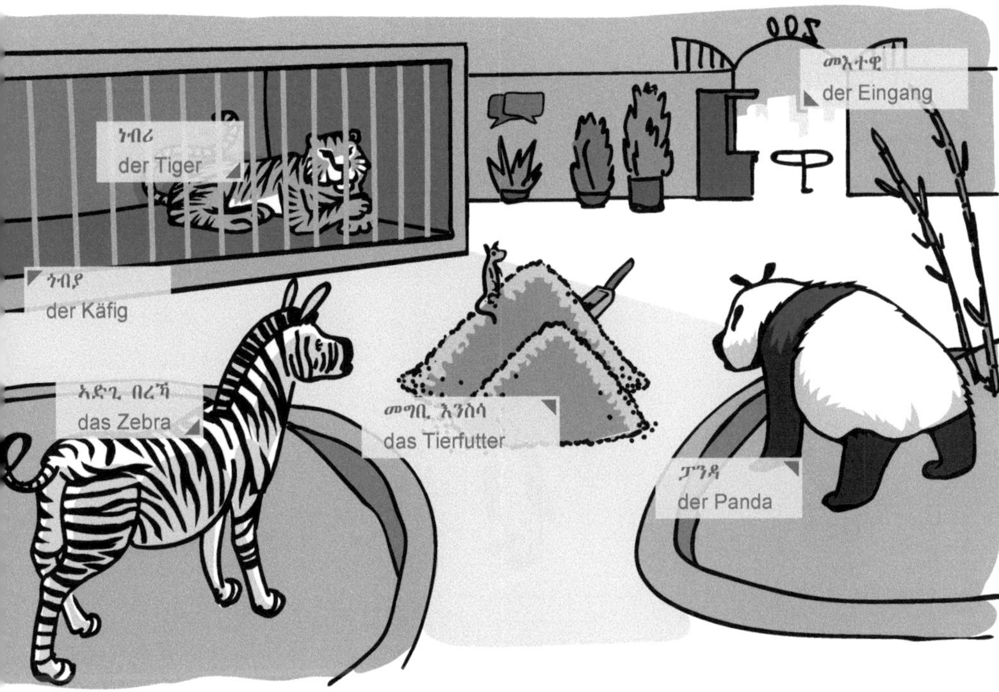

መእተዊ
der Eingang
ነብሪ
der Tiger
ኅብያ
der Käfig
ኣድጊ በረኻ
das Zebra
መግቢ እንስሳ
das Tierfutter
ፓንዳ
der Panda


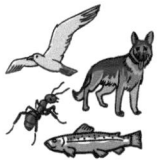

እንስሳታት
..................
die Tiere

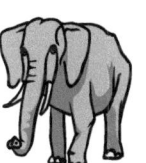

ሓርማዝ
..................
der Elefant

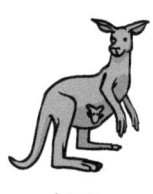

ካንጋሩ
..................
das Känguruh

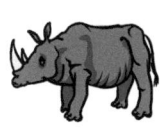

ሓሪሽ
..................
das Nashorn

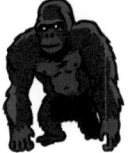

ጉሪላ
..................
der Gorilla

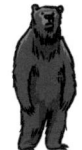

ድቢ
..................
der Bär

ገመል

das Kamel

ሰገን

der Strauß

አንበሳ

der Löwe

ህበይ

der Affe

ፍላሚንጎ

der Flamingo

ሕንጻይ

der Papagei

ድቢ በረድ

der Eisbär

ፐንጉን

der Pinguin

ክልቢ ዓሳ

der Hai

ጣውስ

der Pfau

ተመን

die Schlange

ሓርገጽ

das Krokodil

ሓላዊ ቤት ገርድሽ

der Zoowärter

ዓሳ ዚምገብ እንስሳ ባሕሪ

die Robbe

ጃጓር

der Jaguar

ሓጹር ፈረስ
.................
das Pony

ነብሪ
.................
der Leopard

ጉማሬ
.................
das Nilpferd

ጂራፍ
.................
die Giraffe

ሊላ
.................
der Adler

መፍለስ
.................
das Wildschwein

ዓሳ
.................
der Fisch

ጎብየ
.................
die Schildkröte

ዋልሩስ
.................
das Walross

ወኽርያ
.................
der Fuchs

ሰስሓ
.................
die Gazelle

ናይ አሜሪካ ኩዕሶ እግሪ
das American Football

ምዝዋር ብሽግለታ
das Radfahren

ተኒስ
das Tennis

ባስክትባል
der Basketball

ምሕምባስ
das Schwimmen

ሆኪ በረድ
das Eishockey

ቦክሲንግ
das Boxen

ኩዕሶ እግሪ
der Fußball

ባድሚንቶን
das Badminton

እስፖርታዊ ንጥፈታት
die Leichtathletik

ኩዕሶ ኢድ
der Handball

ስኪ
das Skilaufen

ፖሎ
das Polo

# ንጥፈታት

# die Aktivitäten

ነጠረ
springen
ሰሓቐ
lachen
ሓቖፈ
umarmen
ከደ
gehen
ደረፈ
singen
ሓለመ
träumen
ጸለየ
beten
ሰዓመ
küssen


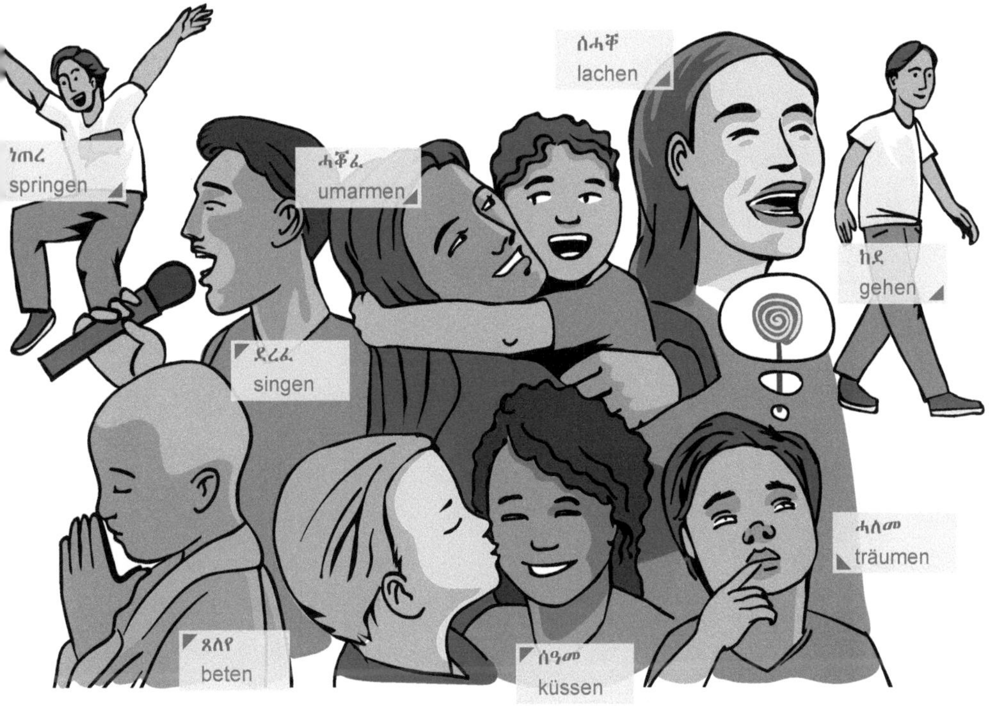

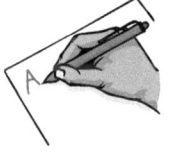

ጸሓፈ
.................
schreiben

ሰኣለ
.................
zeichnen

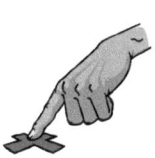

ኣርኣየ
.................
zeigen

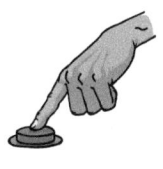

ደፍአ
.................
drücken

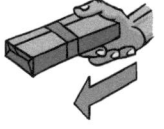

ሃበ
.................
geben

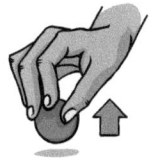

ወሰደ
.................
nehmen

አለው

haben

ገበረ

tun

ኮነ

sein

ጠጠው በለ

stehen

ጎየየ

laufen

ሰሓበ

ziehen

ሰንደወ

werfen

ወደቐ

fallen

ሓሰወ

liegen

ተጸበየ

warten

ሰከም

tragen

ኮፍ በለ

sitzen

ተኸድነ

anziehen

ደቀሰ

schlafen

ተስአ

aufwachen

ረኣየ
ansehen

በኽየ
weinen

ብኣጻብዑ ደረዘ
streicheln

መሸጠ
kämmen

ተዛረበ
reden

ተረድአ
verstehen

ሓተተ
fragen

ሰምዐ
hören

ሰተየ
trinken

በልዐ
essen

ኣቐመጠ
aufräumen

ኣፍቀረ
lieben

ከሸነ
kochen

ዘወረ
fahren

ነፈረ
fliegen

ብመርከብ ገየሽ
..................
segeln

ደመረ
..................
rechnen

አንበበ
..................
lesen

ተመሃረ
..................
lernen

ሰርሐ
..................
arbeiten

መርዓወ
..................
heiraten

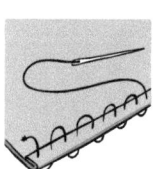

ሰፈየ
..................
nähen

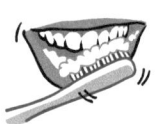

ጽሬት አስናን
..................
Zähne putzen

ቀተለ
..................
töten

ሽጋራ ተከኸ
..................
rauchen

ሰደደ
..................
senden

# ስድራቤት
# die Familie

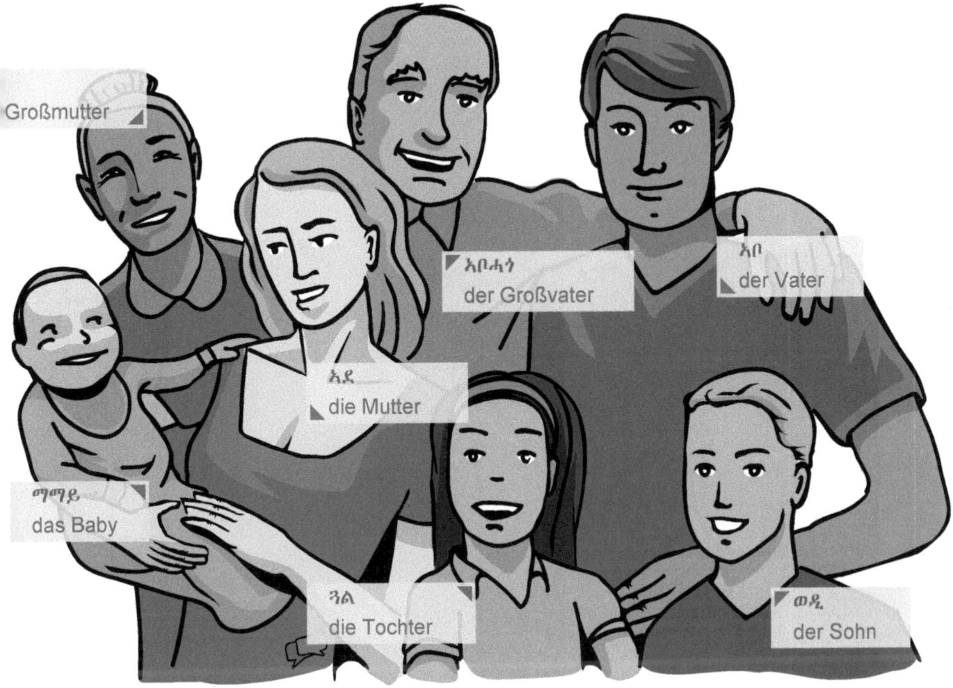

Großmutter
ኣቦሓጎ
der Großvater
ኣቦ
der Vater
ኣደ
die Mutter
ማማይ
das Baby
ጓል
die Tochter
ወዲ
der Sohn


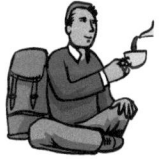

ጋሻ

der Gast

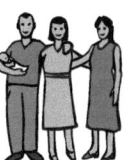

ሓትኖ

die Tante

ኣኮ

der Onkel

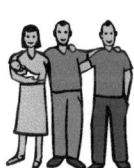

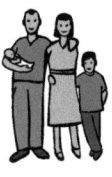

ሓው

der Bruder

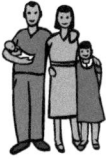

ሓፍቲ

die Schwester

# ኣካላት
# der Körper

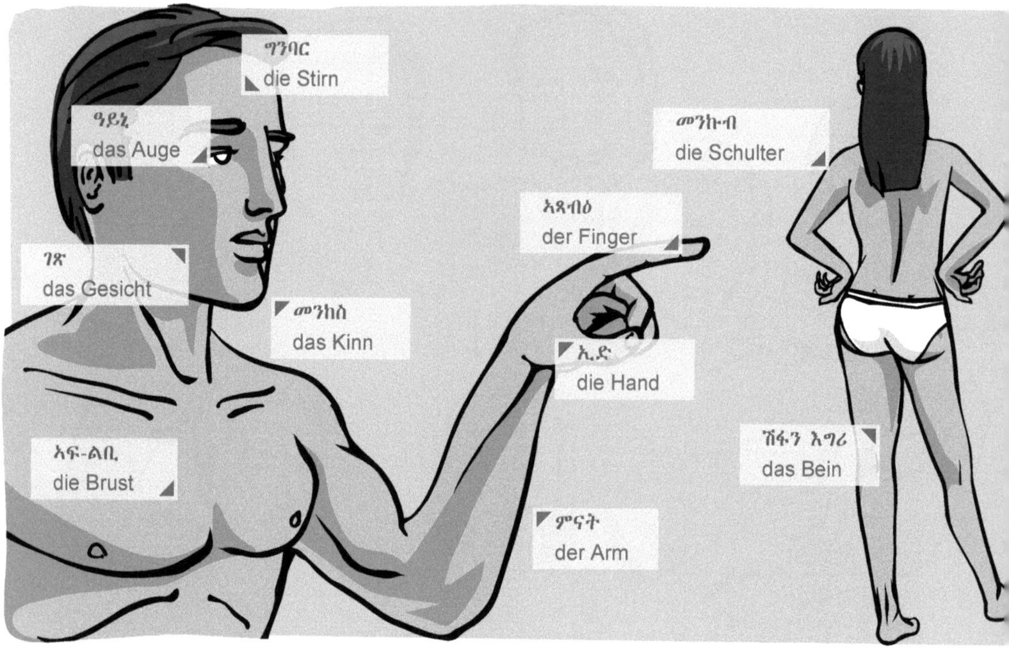

ግንባር
die Stirn
ዓይኒ
das Auge
መንኩብ
die Schulter
ኣጻብዕ
der Finger
ገጽ
das Gesicht
መንከስ
das Kinn
ኢድ
die Hand
ሽፋን እግሪ
das Bein
ኣፍ-ልቢ
die Brust
ምናት
der Arm


ማማይ

..................

das Baby

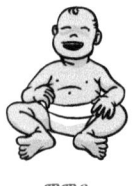

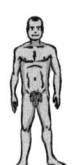

ሰብኣይ

..................

der Mann

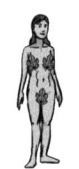

ሰበይቲ

..................

die Frau

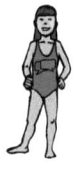

ጓል

..................

das Mädchen

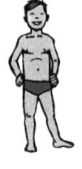

ወዲ

..................

der Junge

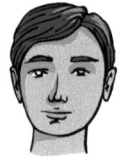

ርእሲ

..................

der Kopf

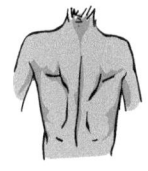

ሕቖ

der Rücken

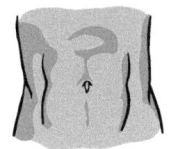

ከስዐ

der Bauch

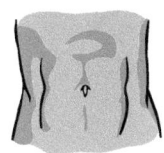

ሕምብርቲ

der Nabel

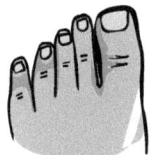

ኣጻብዕ እግሪ

der Zeh

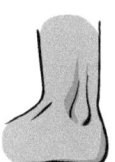

ኩርኵረ

die Ferse

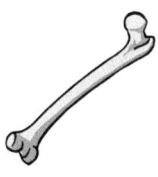

ዓጽሚ

der Knochen

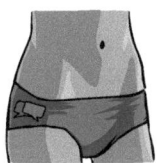

ምሕኹልቲ

die Hüfte

ብርኪ

das Knie

ፍግፍጐ

der Ellenbogen

ኣፍንጫ

die Nase

መዓኮር

das Gesäß

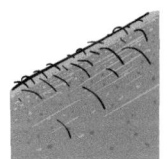

ቆርበት

die Haut

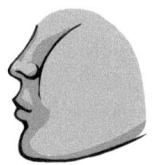

ምዕጉርቲ

die Wange

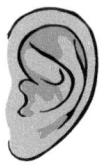

እዝኒ

das Ohr

ከንፈር

die Lippe

አፍ

der Mund

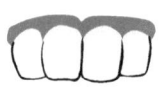

ስኒ

der Zahn

መልሓስ

die Zunge

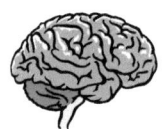

ሓንጎል

das Gehirn

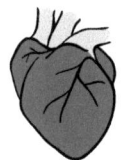

ልቢ

das Herz

ጭዋዳ

der Muskel

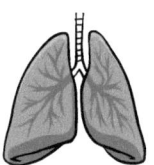

ሳንቡእ

die Lunge

ጸላም ከብዲ

die Leber

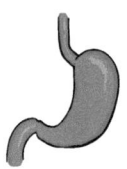

ከብዲ

der Magen

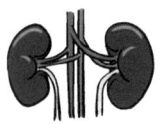

ኮሊት

die Nieren

ግብረ ስጋ

der Geschlechtsverkehr

ኮንዶም

das Kondom

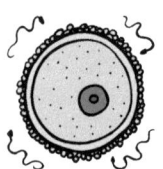

እንቋቍሓ

die Eizelle

ዘርኢ ተባዕታይ

das Sperma

ጥንሲ

die Schwangerschaft

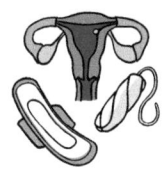

ጽግያት

die Menstruation

ርሕሚ

die Vagina

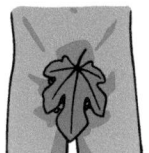

መትሎ

der Penis

ሽፋሽፍቲ

die Augenbraue

ጸጉሪ

das Haar

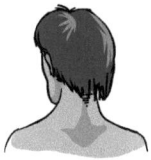

ክሳድ

der Hals

# ሆስፒታል

# das Krankenhaus

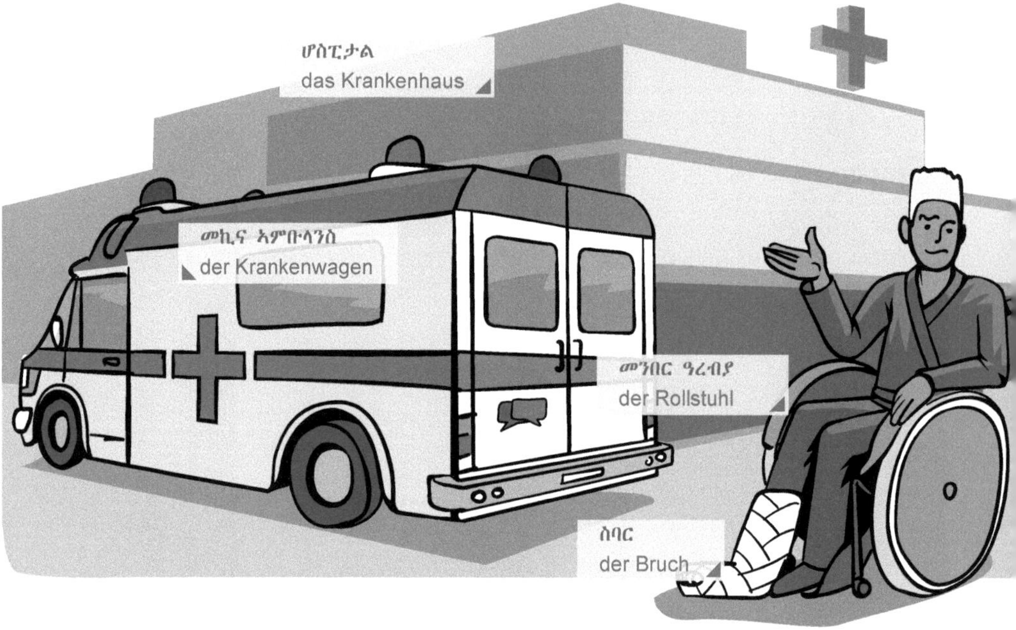

ሆስፒታል
das Krankenhaus
መኪና ኣምቡላንስ
der Krankenwagen
መንበር ዓረብያ
der Rollstuhl
ስባር
der Bruch

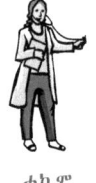

ሓኪም

der Arzt

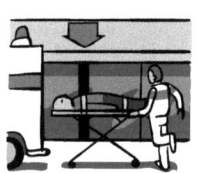

ክፍሊ ህጹጽ ረድኤት

die Notaufnahme

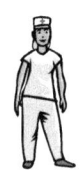

ኣላይት

die Krankenschwester

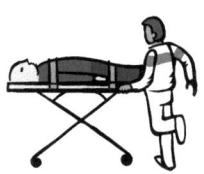

ህጹጽ ኩነት

der Notfall

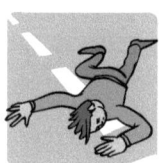

ውነኡ ዘጥፍአ

ohnmächtig

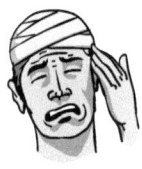

ቃንዛ

der Schmerz

ጉድኣት

die Verletzung

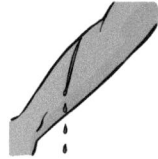

ደም

die Blutung

ማህረምቲ

der Herzinfarkt

ማህረምቲ

der Schlaganfall

ኣለርጂ

die Allergie

ሰዓል

der Husten

ረስኒ

das Fieber

ኡንፍልወንዛ

die Grippe

ውጽኣት

der Durchfall

ቃንዛ ርእሲ

die Kopfschmerzen

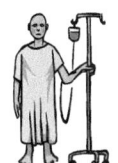

መንሽሮ

der Krebs

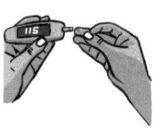

ሹኮርያ

die Diabetis

ሓኪም መጥባሕቲ

der Chirurg

መጥብሒ

das Skalpell

መጥባሕቲ

die Operation

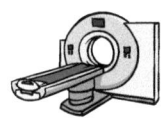

CT

das CT

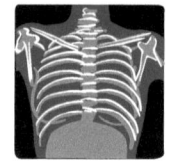

ራጂ

das Röntgen

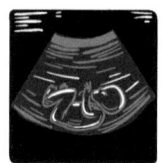

ልዕለ ድምጻዊ

das Ultraschall

መሸፈኒ ገጽ

die Maske

ሕማም

die Krankheit

ክፍሊ ምጽባይ

das Wartezimmer

ምርኩስ

die Krücke

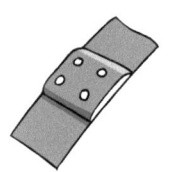

መጅነኒ ቖስሊ

das Pflaster

መጅነኒ

der Verband

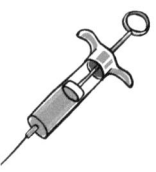

መርፍዕ ምውጋእ

die Injektion

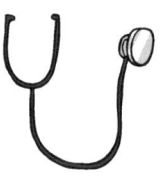

ስተቶስኮፕ

das Stethoskop

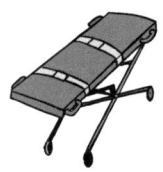

መስከሚ ሕማም

die Trage

ቴርሞመተር

das Thermometer

ትውልዲ

die Geburt

ልዕለ-ሚዛን

das Übergewicht

ሆስፒታል - das Krankenhaus

ሓገዝ ምስማዕ

das Hörgerät

ኣንጻሂ

das Desinfektionsmittel

ልበዳ

die Infektion

ቫይረስ

das Virus

ኤድስ

das HIV / AIDS

ሕክምና

die Medizin

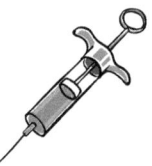

ክታበ

die Impfung

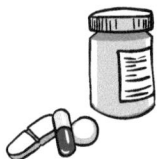

ክኒና

die Tabletten

ክኒና

die Pille

ህጹጽ ምድዋል

der Notruf

መዕቀኒ ጸቕጢ. ደም

das Blutdruck-Messgerät

ሕሙም / ጥዑይ

krank / gesund

ሓገዝ

Hilfe!

ኣላርም

der Alarm

ምህጃም

der Überfall

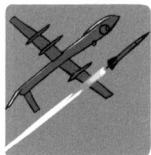

መጥቃዕቲ

der Angriff

ድንገት

die Gefahr

ህጹጽ መውጽኢ

der Notausgang

ሓዊ!

Feuer!

መጥፍኢ ሓዊ

der Feuerlöscher

ሓደጋ

der Unfall

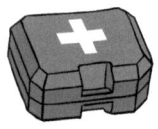

ሳንጣ ቀዳማይ ረድኤት

der Erste-Hilfe-Koffer

SOS

SOS

ፖሊስ

die Polizei

ኤውሮጳ
.................
das Europa

ሰሜን አመሪካ
.................
das Nordamerika

ደቡብ አመሪካ
.................
das Südamerika

አፍሪቃ
.................
das Afrika

ኤስያ
.................
das Asien

አውስትራልያ
.................
das Australien

አትላንቲክ
.................
der Atlantik

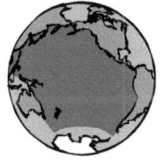

ፓሲፊክ
.................
der Pazifik

ህንዳዊ ዉቕያኖስ
.................
der Indische Ozean

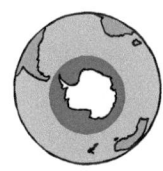

አንታርቲካዊ ዉቕያኖስ
.................
der Antarktische Ozean

አርክቲካዊ ዉቕያኖስ
.................
der Arktische Ozean

ሰሜናዊ ዋልታ
.................
der Nordpol

ደቡባዊ ዋልታ
.................
der Südpol

አንታርቲካ
.................
die Antarktis

ምድሪ
.................
die Erde

መሬት
.................
das Land

ባሕሪ
.................
das Meer

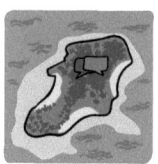

ደሴት
.................
die Insel

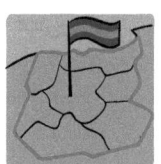

ሃገር
.................
die Nation

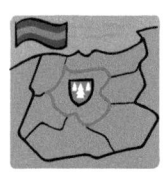

ዓዲ
.................
der Staat

ገጽ ሰዓት

das Zifferblatt

አመልካቲ ሰዓታት

der Stundenzeiger

አመልካቲ ደቓይቕ

der Minutenzeiger

አመልካቲ ካልኢት

der Sekundenzeiger

ሰዓት ክንደይ አሎ?

Wie spät ist es?

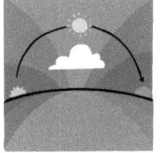

መዓልቲ

der Tag

ግዜ

die Zeit

ሕጂ

jetzt

ዲጂታል ሰዓት

die Digitaluhr

ደቒቕ

die Minute

ሰዓት

die Stunde

# die Woche

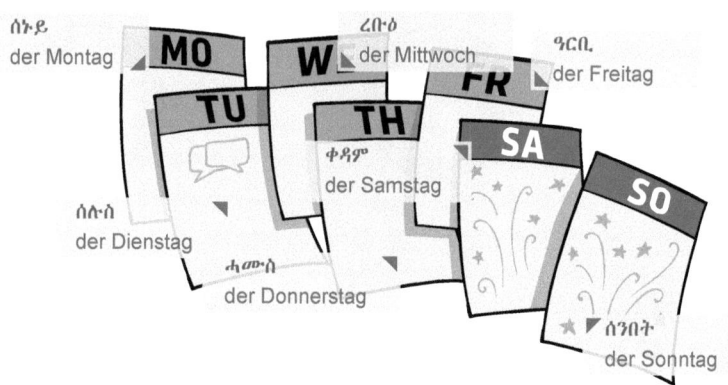

ሰኑይ
der Montag

ሰሉስ
der Dienstag

ረቡዕ
der Mittwoch

ሓሙስ
der Donnerstag

ቀዳም
der Samstag

ዓርቢ
der Freitag

ሰንበት
der Sonntag

ትማሊ
gestern

ሎሚ
heute

ጽባሕ
morgen

ንጎሆ
der Morgen

ቀትሪ
der Mittag

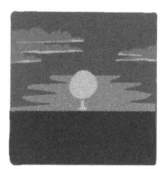

ምሸት
der Abend

| MO | TU | WE | TH | FR | SA | SU |
|---|---|---|---|---|---|---|
| 1 | 2 | 3 | 4 | 5 | 6 | 7 |
| 8 | 9 | 10 | 11 | 12 | 13 | 14 |
| 15 | 16 | 17 | 18 | 19 | 20 | 21 |
| 22 | 23 | 24 | 25 | 26 | 27 | 28 |
| 29 | 30 | 31 | 1 | 2 | 3 | 4 |

መዓልታት ስራሕ
die Arbeitstage

| MO | TU | WE | TH | FR | SA | SU |
|---|---|---|---|---|---|---|
| 1 | 2 | 3 | 4 | 5 | 6 | 7 |
| 8 | 9 | 10 | 11 | 12 | 13 | 14 |
| 15 | 16 | 17 | 18 | 19 | 20 | 21 |
| 22 | 23 | 24 | 25 | 26 | 27 | 28 |
| 29 | 30 | 31 | 1 | 2 | 3 | 4 |

መወዳእታ ሰሙን
das Wochenende

# ዓመት

# das Jahr

ዝናብ
der Regen
ቀስተ-ደመና
der Regenbogen
በረድ
der Schnee
ንፋስ
der Wind
ጽድያ
der Frühling
ቀውዒ
der Herbst
ሓጋይ
der Sommer
ክረምቲ
der Winter

4.APRIL 11°
5.APRIL 4°
6.APRIL 13°
7.APRIL 8°
8.APRIL 10°

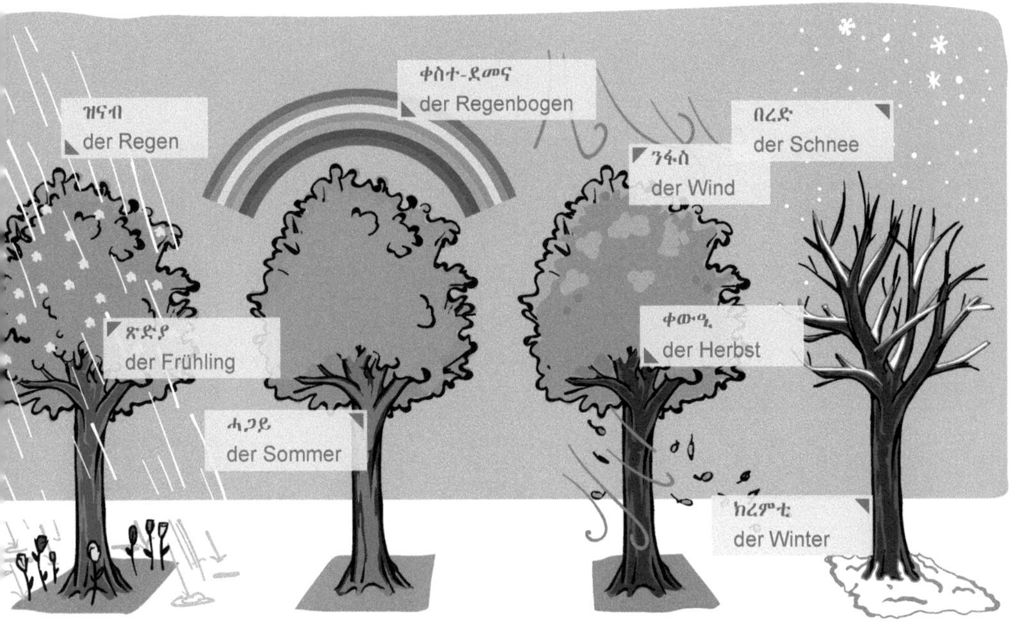

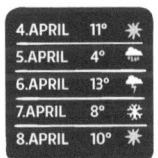

ትንቢት ኩነታት ኣየር

....................

die Wettervorhersage

F C
120 90 60 30 0 -30
40 30 20 10 0 -10 -20

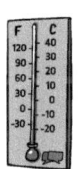

ቴርሞመተር

....................

das Thermometer

ብርሃን ጸሓይ

....................

der Sonnenschein

ደበና

....................

die Wolke

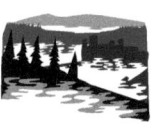

ግመ

....................

der Nebel

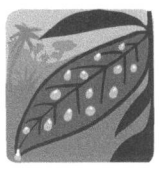

ጠሊ

....................

die Luftfeuchtigkeit

ብርቂ
.................
der Blitz

ነጕዳ
.................
der Donner

ህቦብላ
.................
der Sturm

በረድ
.................
der Hagel

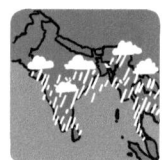

ብርቱዕ ህቦብላ
.................
der Monsun

ውሕጅ
.................
die Flut

በረድ
.................
das Eis

ጥሪ
.................
der Januar

ለካቲት
.................
der Februar

መጋቢት
.................
der März

ሚያዝያ
.................
der April

ጉንበት
.................
der Mai

ሰነ
.................
der Juni

ሓምለ
.................
der Juli

ነሓሰ
.................
der August

መስከረም
..................
der September

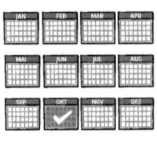

ጥቅምቲ
..................
der Oktober

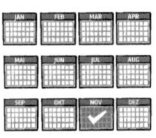

ሕዳር
..................
der November

ታሕሳስ
..................
der Dezember

# ቅርጻታት

## die Formen

ዙርያ
..................
der Kreis

ትርብዒት
..................
das Quadrat

ቅኑዕ ርቡዕ ኵርናዕ
..................
das Rechteck

ስሉስ ኵርናዕ
..................
das Dreieck

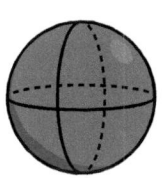

ክቢ
..................
die Kugel

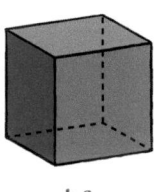

ኩቦ
..................
der Würfel

ጸዕዳ

weiß

ብጫ

gelb

አራንሺ

orange

ፒንክ

pink

ቀይሕ

rot

ጁ ኽ

lila

ሰማያዊ

blau

ቀጠልያ

grün

ቡናዊ

braun

ሓሙኽሽታይ

grau

ጸሊም

schwarz

ብዙሕ / ውሑድ

viel / wenig

ሕሩቕ / ሰላማዊ

wütend / friedlich

ጽቡቕ / ክፉእ

hübsch / hässlich

መጀመርያ / መወዳእታ

der Anfang / das Ende

ዓቢ / ንእሽቶ

groß / klein

ብሩህ / ጸልማት

hell / dunkel

ሓው / ሓፍት

er Bruder / die Schwester

ጽሩይ / ርሳሕ

sauber / schmutzig

ምሉእ / ዘይምሉእ

vollständig / unvollständig

መዓልቲ / ለይቲ

der Tag / die Nacht

ሙዉት / ህልው

tot / lebendig

ሰፊሕ / ጸቢብ

breit / schmal

ደስ ዘበል / ደስ ዘይብል
..................
genießbar / ungenießbar

እኩይ / ህያዋይ
..................
böse / freundlich

ርቡጽ / ስልኩይ
..................
aufgeregt / gelangweilt

ረጊድ / ቀጢን
..................
dick / dünn

ቀዳማይ / ናይ መወዳእታ
..................
zuerst / zuletzt

ዓርኪ / ጸላኢ
..................
der Freund / der Feind

ምሉእ / ባዶ
..................
voll / leer

ተሪር / ልስሉስ
..................
hart / weich

ከቢድ / ፈኩስ
..................
schwer / leicht

ጥምየት / ጽምየት
..................
der Hunger / der Durst

ሕሙም / ጥዑይ
..................
krank / gesund

ዘይሕጋዊ / ሕጋዊ
..................
illegal / legal

መስተውዓሊ / ስዲ
..................
intelligent / dumm

ጸጋም / የማን
..................
links / rechts

ቐረባ / ርሑቕ
..................
nah / fern

ሓዲሽ / ብሉይ
..................
neu / gebraucht

ዋላ ሓደ / ገለ
..................
nichts / etwas

ዓቢ./አረጊት / መንእሰይ
..................
alt / jung

ወልዕ / አጥፍእ
..................
an / aus

ክፉት / ዕጹው
..................
offen / geschlossen

ህዱእ / ዓው
..................
leise / laut

ሃብታም / ድኻ
..................
reich / arm

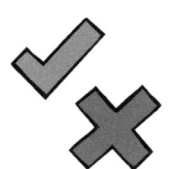

ቅኑዕ / ግጉይ
..................
richtig / falsch

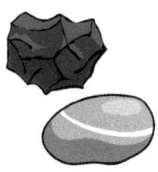

ሓርፋፍ / ልሙጽ
..................
rau / glatt

ጉሁይ / ሕጉስ
..................
traurig / glücklich

ሓጺር / ነዊሕ
..................
kurz / lang

ቀስ / ቅልጡፍ
..................
langsam / schnell

ጥሉል / ንቑጽ
..................
nass / trocken

ምዉቕ / ዝሑል
..................
warm / kühl

ውግእ / ሰላም
..................
der Krieg / der Frieden

አንጻራት - die Gegenteile

**0**

ዜሮ

null

**1**

ሓደ

eins

**2**

ክልተ

zwei

**3**

ሰለስተ

drei

**4**

ኣርባዕተ

vier

**5**

ሓሙሽተ

fünf

**6**

ሽዱሽተ

sechs

**7**

ሸውዓተ

sieben

**8**

ሸሞንተ

acht

**9**

ትሽዓተ

neun

**10**

ዓሰርተ

zehn

**11**

ዓሰርተ ሓደ

elf

## 12
ዓሰርተ ክልተ
.................
zwölf

## 13
ዓሰርተ ሰለስተ
.................
dreizehn

## 14
ዓሰርተ ኣርባዕተ
.................
vierzehn

## 15
ዓሰርተ ሓሙሽተ
.................
fünfzehn

## 16
ዓሰርተ ሽዱሽተ
.................
sechzehn

## 17
ዓሰርተ ሾውዓተ
.................
siebzehn

## 18
ዓሰርተ ሸሞንተ
.................
achtzehn

## 19
ዓሰርተ ትሽዓተ
.................
neunzehn

## 20
ዕስራ
.................
zwanzig

## 100
ሚእቲ
.................
hundert

## 1.000
ሽሕ
.................
tausend

## 1.000.000
ሚልዮን
.................
million

ቁጽርታት - die Zahlen

## die Sprachen

እንግሊዝኛ

Englisch

አመሪካዊ እንግሊዛዊ

Amerikanisches Englisch

ቻይናዊ ማንዳሪን

Chinesisch Mandarin

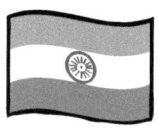

ሂንዳዊ

Hindi

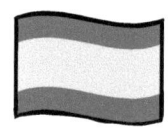

እስጳኛዊ

Spanisch

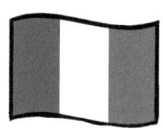

ፈረንሳዊ

Französisch

ዓረባዊ

Arabisch

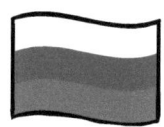

ሩሲያዊ

Russisch

ፖርቱጋላዊ

Portugiesisch

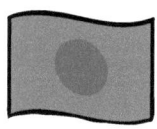

በንጋሊ

Bengalisch

ጀርመናዊ

Deutsch

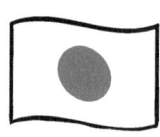

ጃፓናዊ

Japanisch

ኣነ

ich

ንስኻ/ኺ,

du

ንሱ / ንሳ / ንሱ

er / sie / es

ንሕና

wir

ንስኻ

ihr

ንሳቶም

sie

መን?

wer?

እንታይ?

was?

ከመይ?

wie?

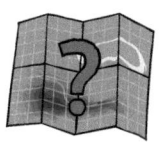

ኣበይ?

wo?

መዓስ?

wann?

ሽም

Name

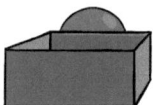

ድሕሪ

hinter

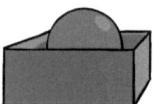

ኣብ

in

ኣብ ቅድሚ

vor

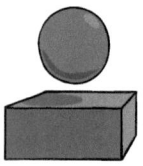

ኣብ ላዕሊ

über

ኣብ ልዕሊ

auf

ትሕቲ ምድሪ

unter

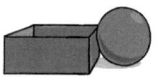

ኣብ ጥቓ

neben

ኣብ መንጎ

zwischen

በታ

der Ort